성공신화의 주역이 될 ＿＿＿＿＿＿＿＿＿＿＿ 님께

이 책이 '성공의 촉'을 일깨워줄 수 있기를
기대하며…

사장의촉

사장의 촉

펴낸날 초판 1쇄 2022년 9월 18일

지은이 이기왕
펴낸이 정현미
펴낸곳 원너스미디어
출판등록 2015년 10월 6일 제406-251002015000190호
(07788) 서울시 강서구 마곡중앙로 161-8 두산더랜드파크 B동 1104호
전화 02)6365-2001   팩스 02)6499-2040
onenessmedia@naver.com

ISBN 979-11-87509-55-4 (03320)

이 도서의 국립중앙도서관 출판시도서목록(CIP)은 서지정보유통지원
시스템 홈페이지(http://seoji.nl.go.kr)와 국가자료공동목록시스템
(http://www.nl.go.kr/kolisnet)에서 이용하실 수 있습니다.

책임편집 서지영

사장의 촉

The President's Inspiration

대한민국 사업 성공 신화에서 뽑아낸
경영의 진수

이기왕 지음

위너스미디어

나의 평생의 멘토 하림그룹 김홍국 회장님께
이 책을 바친다.

사 장 이 된 다 음 에 야 생 각 했 다 .

'나에게 사장이 될 자질이 있는 걸까?'

'내가 잘하고 있는 걸까?'

되돌아갈 수도 없고, 포기할 수도 없다며 자책할 때
작은 성공이 눈앞에 왔다.
그러나 곧 깨달았다. 그것은 먼 여정의 시작일 뿐이라고.

많은 사람과 함께하면서도
늘 외로운 것이 사장이라는 것.
함께 꿈을 꾸면서도
실패의 책임을 감당하는 것은 사장이라는 것.

그러나 결국 알게 되었다.

나는 무無에서 유有를 만드는 것이 좋다는 걸.

나는 혼자보다 함께 꿈꾸는 것이 좋다는 걸.

그리고 기꺼이 그 책임을 감당하며 걷는 이 길이 좋다는 것을.

그래서 나는 사장이다.

나는 맨 앞에 서서 비와 바람을 막으며

나를 믿고 함께 꿈꾸고자 하는 사람과 함께 갈 것이다.

어떤 경우에도 포기하지 않을 것이다.

그게 나의 운명이다.

당신을 성공으로
이끌어줄 사장의 촉!

● ● ●

아침 일찍 출판사 대표로부터 전화가 걸려왔다. 원고를 넘긴 지며칠 되지 않아 걸려온 전화였다. 원고에 무슨 문제라도 있나 싶어전화를 받으니 대뜸 이렇게 말하는 것이다.

"교수님, 제가 며칠 동안 원고 읽으면서 밤잠을 설쳤습니다."

"그게 무슨 말인가. 내 글이 그렇게 형편없었어?"

"아니요. 원고를 한 장 한 장 넘길 때마다 심장이 철렁철렁 내려앉는 기분이었습니다. 제가 무슨 생각으로 사업을 했을까요. 벌써10년이 다 됐는데, 아직도 헤매는 중인가 봅니다. 시종일관 반성모드로, 같은 부분을 읽고 또 읽었습니다. 이 책은 반드시 세상에나와야 합니다!"

사실, 이 책이 나오기까지 3년이라는 시간이 걸렸다. 숭실대학교중소기업 대학원에서 강의를 하면서 400~500명의 제자들이 "수업 내용을 꼭 좀 책으로 내달라.”고 요청했다. 하지만 내가 무슨 자격으로 책을 내는가, 그런 건 더 훌륭하신 분들이 써야지, 싶은 생각에 그저 웃고 말았다.

워낙 기록하는 것이 습관화되어 있었고, 하림에서 근무하는 16년 동안 빼곡하게 적은 업무 노트도 있었기에 그걸 바탕으로 차근차근 원고를 써 내려가는 중이긴 했다. 하지만 출판을 목적으로 한 것은 아니었다. 기회가 닿는다면 소책자 정도로 프린트해서 제자들이나 모임에서 공유하는 정도로 사용할까 싶었다. 그런데 일이 커졌다. “원고가 있다.”라는 말에 “한번 읽어보겠습니다.” 해서 넘겨주었는데, 넘어간 원고는 돌아올 줄을 몰랐다. 그리고 얼마 후 원고가 다 편집되었다는 소식을 전해왔다. 편집본을 넘겨받고 하나하나 다시 체크하다 보니 감회가 새로웠다. 어쩌면 이 책이 성공을 꿈꾸는 많은 중소기업 사장들에게 도움이 될지도 모른다고 생각하니 욕심이 생겨, 출판사 대표와 머리를 맞대고 밤을 지새우며 내용을 보완하고 완성도를 높여갔다.

아마 주변의 도움과 제안이 없었더라면, 또 출판사 대표의 압박이 없었더라면, 이 책이 세상에 나오지 않았을지도 모른다. 하지만 마음 한구석에서는 늘 고민하고 있었던 것 같다.

25세부터 시작된 40여 년간의 직장생활. 단 하루도 쉰 적 없이 앞을 향해 달렸던 그 시간들. 우여곡절이야 왜 없었겠냐만 그래도 삶에서 가장 행복했던 날을 꼽으라면 단연 ‘회사에서 나의 달란트를 빛내며 뛰어다녔던 그 순간들'이라고 말할 정도로 열정적이었던 시간들. 그 시간은 나를 강하게 단련했고, 성장시켰으며, 행복하게 만들었다. 그때 책을 통해, 또 사람을 통해, 그리고 현장을 통해 배우고 익혔던 많은 노하우를 최선을 다해 대학 강단에서 풀었고, 이제 그 시간도 끝이 났다. '훈장 선생'(하림에 있을 당시 별명이었다) 달란트를 가진 내가, 사람들에게 아는 것을 전파하는 일이 이토록 좋은데, 다른 사람이 성공하도록 도와주고 그 모습을 보는 것이 이토록 좋은데⋯ 이 달란트를 가장 효율적으로 사용할 방법은 무엇일까. 내가 아는 것들을 가장 널리 유용하게 전할 방법은 무엇일까. 이를 고민하고 있었던 것이다.

내 주위의 사업가들, 후배들, 제자들에게 지금 당장 필요한 것은 그들의 시간을 아껴줄 수 있는, 요약된 지식과 지혜다. 그리고 앞서 간 성공자들, 훌륭한 선배들의 발자취에서 추려낸 경영의 정수다. 그래서 현장에서 고군분투하면서도 공부를 게을리하지 않고, 돈을 좇으면서도 사람을 끌어안고, 네트워크 속에 소통하면서도 고독의 방에서 깊은 고민을 해야 하는 사장들에게, 헤매지 않고 갈 수 있는 길을 안내해주고 싶었다. 그 방법으로 '책'이라는 도구를 선택한 것은 지금에서야 말이지만 참 잘한 일이라 생각한다. 일일이 만날 수 없는 많은 사장과 리더들에게 꼭 필요한 이야기들을 쉽게 전달할 수 있게 되었으니 말이다.

이 책의 제목을 《사장의 촉》이라고 한 것은, 사장이 성공을 위해 갖춰야 할 자질에 대해 정확히 알려주기 위해서였다. 흔히 '촉'이라고 하면 비범한 리더들이 가진 동물적 감각만을 뜻하기 쉬운데, 내가 말하고 싶었던 '촉'은 그와는 다르다. 물론, 동물적 감각과 멘탈은 사업 초기에는 정말 중요하다. 내가 만난 수많은 사장이 모두 그 동물적인 감각을 지니고 있었다. 하지만 사업은 그 동물적 감각과 강한 멘탈만으로 끌고 갈 수 없다. 거기에는 과학이 필요하고, 시스템이 필요하고, 판단력이 필요하다. 특히, 0~10년 차에는 작은 성공과 큰 실패를 겪으며 계속해서 혼란스러운 시간이 반복된다. 때로는 돈 때문에, 때로는 사람 때문에, 때로는 외부 환경 때문에… 기업은 흔들리고, 위기를 겪으며, 낭떠러지로 떨어진다. 나는 그 고비를 '깔딱고개'라고 부른다. 숨이 깔딱깔딱 넘어갈 만큼 힘든 고비이기 때문이다. 그때마다 사장은 경영을 읽고, 사람을 읽고, 돈을 읽고, 미래를 읽고, 위기를 읽는 촉을 지녀야 한다. 이 책 속에 차근차근, 세세하게 그에 대한 이야기를 풀어놓았다.

미래를 이끌어가는 많은 사장들이 여러 차례의 깔딱고개를 넘을 때마다 이 책이 곁에 있어 주길 바란다. 물론, 처음부터 끝까지 차근차근 읽으면서 하나하나 그대로 자신의 기업에 적용한다면 더할 나위 없이 좋을 것이다. 하지만 문제가 풀리지 않을 때, 한계에 도달했을 때, 앞이 막막할 때… 그리고 100억까지는 잘 왔는데 1000억으로 갈 방법을 모르겠을 때도 이 책은 답이 되어줄 것이다. 어느 회사든 이러한 터닝포인트가 없을 수는 없다. 오랫동안 몸담았던 하림도 마찬가지였다.

그 시기를 어떻게 넘길 것인가? 포기할 것인가, 앞으로 나아갈 것인가? 사장은 고민에 휩싸이기 마련이다. 그러나 어려움 없이 성공한 기업은 단 하나도 없다. 그러니 포기하지 말고 깔딱고개를 넘어서 보길 바란다. 2부, 3부, 4부 능선을 넘을 때와 8부, 9부 능선을 넘을 때는 분명히 다르다. 낮은 곳에서는 그 주변밖에 볼 수 없지만 높이 올라갈수록 시야가 넓어지고 정상에 섰을 때만이 비로소 전체가 다 보인다. 지금 걷는 길이 막막하고 어려운 것이 당연하다는 뜻이다.

나는 출판사 대표에게 "대기업은 이 책을 읽지 마라!"라고 카피를 써달라고 했으나, 그 말이 먹히지는 않았다. 하지만 진심이었다. 대기업이 읽기를 바라지 않아서가 아니라, 중소기업 사장들에게 반드시 필요한 내용들로 추리고 또 추렸기 때문이다. 깔딱고개를 넘을 때마다 "아, 우리 회사가 지금 이런 부분에서 문제가 있었구나."라고 영감을 얻길 바란다. 내 강의를 들은 사람들은 "사업을 다시 시작하고 싶다."라는 말을 자주 한다. 처음부터 이 내용을 알았더라면 절대 지금처럼 하지 않았을 거라면서. 그러나 지금도 늦지 않았다. 개혁은 하루아침에 모든 걸 뒤집는 것이 아니라 디테일하게 문제들을 갱신해나가는 데서 출발한다. 문제를 외면하지 않고 맞서서 해결해나가겠다는 의지만으로도 희망은 있다. 동물적 감각으로 여기까지 왔으니, 이제는 진정한 경영의 진수를 알고 그 길을 밟아나가면 된다.

나는 참 운이 좋은 사람이라고 생각한다. 하림의 수장인 김홍국 회장은 내 달란트가 사람들을 가르치고 설득하는 데 있다는 걸 진작 일깨워주었다. 지금도 그 부분에 희열을 느끼고 돈벌이가 되든 안 되든 뛰어다니며 몰두하고 있다. 김홍국 회장은 사업에 대한 인사이트를 가졌으며, 뛰어난 용인술과 리더십을 타고난 사람이다. 그분을 만난 건 내 삶의 가장 큰 행운이다. 그리고 하림에서 오랜 시간 동안 나를 옆에 달고 다니며 일머리와 경영 시스템에 대해 알려주었던 고 이문용 대표가 없었더라면 지금의 나는 없었을 것이다. 그때 노트를 옆구리에 끼고 밤낮으로 쫓아다니며 일을 배웠던 날들이 아직도 생생하게 남아 있다. 결정적으로 내가 익히고 습득한 지식과 노하우를 다른 사람에게 원 없이 떠들 수 있도록, 내 재능을 펼치게 해준 숭실대학교 중소기업대학원 김문겸 교수에게 감사한다. 그분이 아니었다면 내가 가진 보따리를 풀어놓을 기회가 없었을 것이다. 숭실대학교 교문을 지날 때마다 가슴이 뭉클해질 정도로 그 시간이 좋았고, 행복했다.

부족하지만, 이 책이 많은 사람에게 선한 영향력으로 다가가길 바란다. 최대한 팩트에 근거해서 썼으나 기억에 의존한 부분 중에서는 혹시라도 오류가 있을 수 있으니 너그러이 양해를 구한다. 모든 걸 담을 수는 없었지만, 이 시간 역시 내겐 너무도 귀하고 감사한 시간이었다.

- 9월, 선선해진 가을, 연구실에서

이 기 왕

Contents • • • • •

Part 02 ● 사장의 촉을 만드는 두 번째 원칙 ────
: 사람을 읽는 촉

Part 03 ● 사장의 촉을 만드는 세 번째 원칙 ───
: 돈을 읽는 촉

Part 05 • 사장의 촉을 만드는 다섯 번째 원칙 ──────
: 위기를 읽는 촉

Part
01

사장의 촉을 만드는 첫 번째 원칙

경영을 읽는 촉

"변화가 필요하기 전에 변해라."

— 잭 웰치(Jack Welch)

CHAPTER 1

CEO의 가장 중요한 임무는 조직문화 만들기이다

조직문화를 세우고, 검증했다면, 반드시 융화시켜라

"지금까지 이런 강의는 없었다. 그는 약장수인가, 닭장수인가!"

강의실 정면에 이런 플래그카드가 걸렸다. 한독약품에서 오랫동안 영업을 담당했고, 하림에서 마케팅을 총괄했던 나를 빗댄 표현이다. 나의 40여 년의 정체성을 잘 보여주는 말이다. 실제로 나는 영업과 마케팅 현장에서 오랜 시간을 보냈다.

영업에서 가장 어려운 직종 3가지를 꼽으라면 다음과 같다.

제약회사

자동차회사

보험회사

얼마 전 현대자동차 최초로 7,000대를 판 영업사원에 대한 뉴스가 보도되었다. 이처럼 타고난 재능으로 마치 영업이 '천직'인 것처럼 잘 해내는 사람도 있다. 그러나 다른 직종에 비해 상대적으로 이 3가지 분야 영업직은 이직률이 매우 높은 게 사실이다. 그래서 컨설팅을 하거나 강단에 설 때 나는 "이 3가지 영업직에서 3년 이상 종사해 성공했다면 무슨 일을 해도 굶어 죽지 않는다."라고 이야기하곤 한다.

나는 제약회사에서 10년 동안 영업사원으로 활동했다. '영업'이라고 하면 '물건을 잘 파는 일'이라고 생각하는데, 영업에는 매우 많은 요소가 포함된다. 사람을 설득하고 다루는 법, 물건을 파는 노하우, 숫자를 관리하는 능력, 마케팅 기술 등. 심지어 내가 다니던 한독약품은 당시 국내에선 보기 힘든 독일과 합작한 최초의 다국적 기업으로 마케팅 전략과 스킬, 영업 프로세스가 한국보다 최소 15년은 앞선 수준이었다. 신입사원이었던 나는 회사에서 요구하는 조건에 부합하고 개인적으로도 성과를 내기 위해 부단히 노력했다. 꾀를 부리지 않고 10년을 하고 보니 '영업이 이런 거구나.'에서 '마케팅이란 이런 거구나.'를 알게 되고, 나아가 '조직이란 이런 거구나.'에 대한 감이 왔다. 그리고 그곳에서 배운 보따리를 가지고 하림으로 들어갔다.

지금은 하림이 매출 12조가 넘는 대기업이지만, 1978년에 설립된 하림은 내가 들어갈 당시 매출 1,000억 원이 안 되는 중소기업이었다. 당시 하림이라는 회사에서 가장 취약한 부분은 마케팅이었다. 한독약품에서 선진 조직 시스템을 경험한 나는, 현장에서 배우고 익힌 모든 노하우를 하림에 쏟아부으며, 해마다 20%씩 회사가 성장하는 것을 지켜보았다. 그렇게 브랜딩, 홍보, 수익성 개선, 제품 개선 등은 물론, 회사의 성장에 부합하는 인재를 채용하고 키우는 모든 과정에 관여하면서 15년 이상을 근무했다. 인재를 보는 능력, 사업확장의 시기와 방향성에 대한 동물적인 감각을 소유한 하림의 김홍국 회장은 나의 숨겨진 재능까지 끌어내어 하림이 성장하는 데 충분한 기여를 할 수 있게 만들어주었다. 수많은 중소기업이 성장하고 성공하는 것을 돕고 있는 지금, 하림에서 경험한 모든 것들이 현재 내가 하는 일의 핵심적 근간이 되어주고 있다. 겉으로는 "내가 하림 성공의 1등 공신 중에 한 사람."이라고 말하지만, 아직도 스승의 날이 되면 김홍국 회장에게 감사의 인사를 전할 만큼 그곳에서 내가 발견하고 배우고 깨달은 경영에 대한 노하우는 실로 엄청나다.

이 책은 당시 중소기업이었던 하림에 있을 때 김홍국 회장 곁에서 16년 동안 지시받고 수행했던 16권의 다이어리로부터 출발했다. 기록이 기억을 앞서간다는 것을 깨우쳐준 소중한 자료였다. 그 외에 수천 명의 중소기업과 스타트업 대표들을 컨설팅한 사례, 대학 강단에서 강의한 내용을 바탕으로 세부적인 내용을 채웠다. 실제로 나는 하림에서 나온 후 당시 코스닥 상장사였던 VC(Venture Capital) 회사에 스카우트되어 대표이사가 되었다. 벤처캐피탈은 성장 가능성이 있는 회사를 발굴해 그 회사에 돈을 투자하고, 실제로 성장을 이루면 이익을 나누는 일을 하는 곳이다. 당시 중소기업들을 여러 단계로 심사한 후 투자를 했는데, 몇 년 동안 그 일을 하며 느낀 것은 '돈만 있으면 성공할 줄 알았는데, 그게 아니구나.'였다.

그때부터 나는 투자 대상인 회사들을 찾아다니며 컨설팅을 시작했고, 비로소 각 기업마다 돈을 넘어선 엄청난 문제들이 잠재하고 있단 사실을 알게 되었다. 사람 문제, 마케팅 문제, 조직문화 문제, 시스템 문제, 성과제도 문제 등등. 몇십억을 투자받고도 망하는 회사들을 보면서 이 문제들을 어떻게 해결해 줄 수 있을까 머리를 쥐어 짜내며 고민했고, 그 고민의 결과가 실제로 중소기업의 여러 문제를 해결하고 성공으로 이어지는 모습을 보며 여기에 나의 달란트가 있다는 사실을 깨닫게 되었다.

이 책은 교과서는 아니지만, 지금 현재 사장으로서 자신의 조직을 성공시키기 위한 고민을 하고 있는 모든 이에게 교과서 이상의 의미를 지닐 것이라 확신한다. 현재 가진 문제에 정확한 답을 알려줄 수는 없겠지만, 적어도 이 책 속에 쓰인 사례 중에는 분명히 자신의 문제에 근접한 것이 있을 것이다. 거기에서 최대한 많은 힌트를 얻어가길 바란다. 특히 이 책의 흐름에 대해 오랫동안 고민했는데, 조직을 효율적으로 관리하고 매출을 높이기 위한 전략을 배우는 데 가장 유용하다고 여겨지는 대로 정리해보았다. 따라서 그 첫 번째 이야기로, 기업의 조직문화에 대해 다뤄보려고 한다.

하나의 기업을 세우고 관리하며 성공시켜나가기 위해 사장의 역량은 매우 중요하다. 내가 만난 탁월한 리더들은 하나같이 '사장의 촉'이라 불리는 동물적 감각을 지니고 있었는데, 기업문화에는 그러한 동물적 감각과 사장의 성향이 녹아있다. 이번 장에서는 사장이 세운 조직문화의 중요성과, 그 조직문화가 회사의 성패에 어떠한 영향을 미치는지 살펴볼 것이다. 특히, 나는 이 조직문화가 조직의 성공에 독이 아니라 약으로 작용하게 만들고, 모든 조직원이 이 기업문화에 하나로 녹아들게 하기 위해 리더가 어떻게 해야 하는지, 그 방법에 대해 중점적으로 짚어보려고 한다.

아이폰 15가 나와도
기지국이 없으면 고철덩어리다

● ● ○

사람을 좋아하고 특히 다른 사람의 성공에 관심이 많은 나는 수업이 끝난 후 제자들과 자주 모여 다양한 이야기를 나눈다. 일종의 컨설팅인 셈이다.

사업 돌아가는 이야기나 창업 관련한 이야기, 다양한 문제점 혹은 그와 전혀 관계없는 시시한 이야기들까지… 아메리카노와 치즈 케이크를 앞에 놓은 채 주고받곤 하는데, 어느 날 한 학생이 새로 산 아이폰을 자랑하며 새로워진 기능에 대해 열변을 토했다. 급기야 갤럭시와 아이폰을 비교해가며 이야기가 무르익을 때쯤, 나는 이 모든 이야기를 뒤집는 새로운 한 줄의 문장을 던졌고 이후로 우리의 화제는 다른 쪽으로 바뀌었다.

"아무리 성능 좋은 신형 아이폰이 나와도 기지국이 없으면 고철 덩어리지."

학생들이 '그게 무슨 소리지?'라는 얼굴로 나를 쳐다보았다.

모든 기업은 그 기업다운 문화가 존재한다. 그 문화를 결정하는 건 물론 사장의 의지와 성향이다. 삼성은 삼성다운 문화, 현대는 현대다운 문화, 하림은 하림다운 문화가 존재한다. 조직의 문화는 성능이 좋은 신형 아이폰이 그 기능을 제대로 발휘할 수 있는 기지국의 역할을 해준다. 사장의 사업 철학과 가치관이 반영된 조직문화는 회사의 방향성을 결정한다. 그래서 사장의 가장 중요한 임무 중 하나는, 바로 조직문화를 만들어내고 모든 조직이 같은 방향을 보고 가도록 만드는 일이다. 여기엔 사장의 고독한 고민이 반드시 필요하다. 과연 우리의 조직문화는 무엇인가? 무엇이 나와 우리 조직을 춤추게 할 것인가? 지치지 않고 롱런하며 성공을 향해 모두가 내달릴 수 있도록 해줄 조직의 가치는 무엇인가? 사장은 누구와의

상의도 없이 고독한 진실의 방에서 이 고민을 거듭해 결론을 내야 한다.

"그건 다 같이 만드는 거 아닌가요?" 그렇지 않다. 기업문화는 사장이 결정한다. 기업이 성장, 성공하는 요소에는 마케팅, 사람 관리, 제품생산, 서비스 등 여럿이 있지만, 그중에서 가장 먼저 사장이 해야 할 일은 조직문화를 만드는 일이다. 사장은 자신이 이 회사를 창립한 이유와 목적에 부합하는 기업의 철학과 가치를 규정해야 한다. 그것이 좋고 나쁘고는 사실 두 번째 문제다. 흔들리지 않고 지켜나갈 조직의 문화, 모든 사람이 하나의 방향성으로 움직이게 할 조직의 문화는 온전히 사장의 몫이다. 사장은 조직문화를 통해 조직원들의 뛰어난 성능을 십분 활용할 것인지 아니면 고철덩어리로 남게 할 것인지를 결정하게 된다. 그리고 작은 기업일수록 CEO는 조직문화를 제대로 만들기 위해 더 많은 노력을 기울여야 한다.

그렇게 결정된 조직문화는 매우 선명하게 그 기업의 색깔을 지녀야 한다. 유명한 일화가 있지 않은가. 현대 정주영 회장에게 "삼성이 IT 반도체 사업을 시작한다고 합니다."라고 보고하니, "그럼 우리도 하자!"라고 대번에 답했다는 것이다. 직원이 "좀 더 세밀하게 상황을 파악해봐야 하지 않겠습니까?"라고 하자 정주영 회장이 "삼성이 한다고 하면 이미 검증은 다 된 것 아니겠냐. 단단한 돌다리도 두드리고 또 두드리는 삼성이 한다는데 뭘 더 알아봐야 하겠냐."라고 답했다고 한다. '삼성' 하면 분석적이고 디테일한 힘을 지닌 회사가 떠오른다. 그것이 그 조직의 문화이며 CEO의 방향이다.

이러한 조직의 문화는 사장의 가치가 잘 반영됨과 동시에 회사를 성장시키기 위해 모든 조직이 융화될 수 있는 문화여야 한다. 일단 사장이 조직문화의 틀을 세웠다면, 그것을 검증하는 단계가 필요하다. 그래서 기업 컨설팅을 할 때 가장 먼저 조사하게 되는 것이 기업의 문화이자 풍토다. 종종 잘못된 기업의 문화로 인해 조직원들이 융화되지 못하고 성장에 걸림돌이 되는 경우도 있다.

작년 한 매체에서 세계적 경영 컨설턴트 마르틴 린드스트롬이 한국 기업의 조직문화를 분석한 기사를 보도한 적 있다. 그는 현재 구글과 마이크로소프트, 맥도널드와 코카콜라, 그리고 해운 기업 머스크 등을 컨설팅하고 있다.

그는 한국 기업들의 조직문화에는 '공포와 압박'이 뿌리 깊이 존재한다고 말하면서, 고장 난 조직의 특징에 대해 다음 6가지로 이야기했다(우측 그림 참조).

CEO는 자신이 세운 조직문화가 기업의 성공에 부합하는지 점검하면서 잘 잡아나가야 한다. 어떤 조직이나 갈등이 있기 마련이지만, 그것이 기업의 조직문화에서 기인한 것이라면 빨리 바로잡으면서 앞으로 나아가야 한다. 어떤 CEO가 조직의 걸림돌이 되는 나쁜 문화를 만들고 싶었겠는가. 다만, 언제나 '100% 완벽'은 존재

고장난 회사를 만드는 6가지 요소

1. 복잡한 직급
성공하는 기업의 직급 체계는 3~4단계로 단순하다. 10단계가 넘어서면 사내정치가 극도로 복잡해진다.

2. 너무 많은 규칙과 관행
가이드라인과 규정이 많으면 직원들이 고객만족이 아닌 규칙을 지키는 데 매달린다.

3. 마라톤 회의와 파워포인트
회의는 30분 이내, 파워포인트 발표는 줄여야 관료주의를 최소화할 수 있다.

4. 복잡한 업무평가 방식
업무평가가 복잡해지면 고객만족의 요소가 약해진다.

5. 표리부동한 상사
직원의 의견은 듣는 척만, 답이 미리 정해진 리더의 모습은 신뢰를 잃게 만든다.

6. 다양성을 잃은 조직
끼리끼리 집단사고에 빠져 상식과 다른, 자신들에게 유리한 해법을 내놓는다.

하지 않으므로 CEO 자신의 가치를 잘 반영하는 동시에 조직원들이 성장하는 데 초점 맞춰진 조직문화를 세우기 위해 고민을 거듭하는 것은 매우 중요하다.

조직문화를 세우고, 그 내용을 검증했다면 다음으로 중요한 것이 융합이다. 기업 컨설팅을 하면서 성장하지 못하고 계속 난항을 겪고 있는 기업의 문제점을 분석하다 보면 공통점 하나를 발견하게 된다. 바로 모든 조직원이 조직문화를 향해 하나의 방향으로 나아가지 못한다는 점이다. 조직 구성원이란 같은 생각, 같은 가치 기준, 같은 비전을 갖고 가야 한다. 나는 이것을 '한 방향 정렬'이라고 부르며, 잘 되는 기업은 모든 조직원들이 하나로 융화되어 조직문화를 이해하고 실행해나가는 것을 볼 수 있다.

무너지는 기업을 살리는 용광로 전략

● ● ●

수많은 중소기업 사장들이 가진 고민의 핵심에는 '사람'이 있다. 절대 지치지 않을 열정과 도전정신으로 창업을 했지만, 결코 그것만으로는 힘들다는 걸 금세 깨닫게 된다. 아무리 작은 기업이라도 조직문화는 필요하고, 그 문화에 맞춰 사람을 관리할 수 있는 시스템이 필요하게 된다. 앞에서 말한 대로 조직문화가 세팅되면, 조직에 속한 모든 사람이 그 문화에 맞게 같은 방향성을 갖고 일하게 된다. 그런데 생각해보면 '우리 회사는 이런 조직문화를 가지고 있으며, CEO의 기업가치와 철학은 이것이다.'라고 선포한다고 해서 모든 조직원이 동시에 같은 생각으로 일할 수 있게 되는 건 아니다. 사장은 끊임없이 조직과 커뮤니케이션을 하면서 조직원들이 기업의 문화를 이해할 수 있는 시스템을 만들어야 한다. 기업이 지향하는 철학과 가치에 조직원들이 발맞춰 나가지 못한다면, 모두가 있는 힘껏 일하고 바쁘게 움직인다 하더라도 원하는 만큼의 성과가 나오지 않는다(무조건 그렇다).

앞에서 말했듯 조직문화는 사장의 영향을 가장 많이 받는다. 창립자와 전문경영인이 동일하든 아니든 마찬가지다. 실제로 사장이 모든 것을 좌지우지하며, 그래서 사장과 조직원들 간의 소통이 중요하다. 이 소통은 일방적 전달과 주입이 아닌, 공유와 교육을 통해 가능하다. 나는 하림에 있을 당시 이 부분을 효율적인 조직 관리에 있어 가장 중요한 부분으로 여겼고, 몇 가지 중요한 전략을 통해 성공적으로 실행해나갔다. 그중 하나가 용광로 전략이다.

용광로는 어떻게 생긴 철을 넣어도 결과적으로 똑같은 강판이 되어 나온다. 많은 CEO들의 고민이 '망해가는 회사'에 있다고 보는데, 실은 아니다. 오히려 '흥해가는 회사'에 대한 고민이 더 많다. '아니, 돈도 잘 벌고 기업이 잘 되는데 무슨 고민인가요?' 할 수 있겠지만, 조직이 커지면서 문제점 또한 두 배, 세 배로 커질 수 있기 때문이다.

회사의 매출이 늘어나면 당연히 사업을 확장하고, 늘어난 매출 규모를 감당할 수 있도록 사람도 새로 채용해야 한다. 기업에서 인재를 키우는 방법에는 2가지가 있다. 메이킹(Making), 즉 기존에 창업할 때 함께해온 사람을 키우는 방법. 그리고 바잉(Buying), 즉 외부에서 사람을 스카우트해오는 방법이다. 이 2가지 방법은 인재를 키우고 기업의 성공에 이바지할 수 있도록 하는 매우 중요한 방법이다. 그런데 실제로 컨설팅을 하면서 나는 이 과정에서 무너지는 회사를 굉장히 많이 보았다. 조직의 문화는 이미 세워져 있지만, 새로 들어오는 사람들과 기존에 있는 사람들이 서로 융화되지 못해 유능한 인재들이 결국 제 역량을 발휘하지 못하고 기업을 떠나거나 소수의 인원이 기업의 물을 흐려 결국 조직이 와해되는 경우가 비일비재하기 때문이다. 새로운 사람이 와서 조직에 자극을 주어 성장을 돕는다는 '메기 이론'의 효과가 제대로 나타나는 건 실제로 10~20% 미만이다. 중소기업 시스템에서는 오히려 조직에 분란만 일으키기 십상이다. 한 사람이 조직문화를 바꿀 수는 없다. 회사가 성장하는 시기에서 사장이 가장 초점을 맞춰야 할 것이 바로 이 부분이다. 외부의 사람이든 내부의 사람이든 모두가 하나의 방향으로 정렬되도록 하는 것. 이것이 내가 "CEO는 이것에 목숨을 걸어야 한다."라고 강조하면서 용광로 전략은 선택이 아니라 필수라고 이야기하는 이유다.

경력사원의 능력 보따리를 풀게 하라

● ● ●

하림의 경우 김홍국 회장의 인재에 대한 욕심은 상당했다(지금도 그렇다). 회사가 점점 성장하면서 외부에서 좋은 인재를 채용하는 것은 수순이다. 그러나 몇십 대 경쟁을 뚫고 온 임원, 고급공무원, 탁월성을 지닌 전문가라 하더라도 기존의 조직문화에 적응하지 못하면 제 달란트를 발휘하지 못하고 방황하기 마련이다. D기업은 CEO만의 독특한 스타일이 있는데 삼성에서 유능한 인재를 데려다가 족족 실패하는 것으로 유명하다. B기업 역시 마찬가지다. 그곳만의 독특한 문화가 있는데, 그것이 좋고 나쁨을 떠나 외부에서 온 사람들이 적응하지 못한다는 데 맹점이 있다. 로마에 가면 로마법을 따라야 하지만, 로마가 싫으면 로마를 떠나버릴 수도 있다. 로마법이 무엇이며 어떻게 따라야 하는지, 그 법을 따르는 데 있어 애로점은 무엇인지 끝없이 소통하면서 적응하고 맞춰 나갈 시간이 필요한 것이다. 실제로 그다지 조직문화가 좋지 않다고 소문난 회사들이 절대 망하지 않고 점점 더 흥하며 유능한 인재들이 한 번 들어가면 나오지 않는 이유도, 그 안의 용광로 전략이 탁월하게 운용되고 있기 때문이다.

하림은 좋은 인재를 데려오는 데도 힘썼지만, 그들을 떠나지 않게 해서 기업 안에서 자신의 비전을 이루도록 하는 데 최선을 다했다. 아직도 기억나는 것이, IMF 시기에 기업들이 속속 무너질 때 쏟아져나온 좋은 인재들을 대거 영입해서 하림에 가장 필요한 인재들로 만드는 데 주력했던 일이다.

경력사원을 뽑습니다!

대한민국의 대기업들이 속속 무너지던 IMF 시기에 하림은 신문마다 크게 모집글을 올렸다. 우리가 채용하고자 하는 경력사원은 70명이었으나 원서는 2,000장 넘게 들어왔다. 나를 포함 임원과 인사 관련 담당자들은 일주일 동안 밤을 지새우며 입사지원서를 검토해야 했다. 그렇게 일주일 후, 총 150명으로 인원이 추려졌고 면접을 치렀다. 당시 우리가 채용하고 싶은 경력사원은 한 가지 분야의 전문가가 아니었다. 우리가 파는 물건에 대한 전문성은 물론 그것을 팔아야 할 대상과 그 분야에 대한 경험이 있는 사람을 원했다. 식품 분야의 전문이가이면서 동시에 호텔, 학교, 백화점 등 우리 목표시장에 경험이 5년 이상 되는 사람을 뽑은 것이다. 당시 나라 전체가 힘든 상황이다 보니 기업의 구조조정으로 인해 좋은 인력들이 쏟아져나오고 있었기에, 하림이 우수한 인력을 확보할 좋은 기회가 되었다. 이렇게 경력사원을 채용하는 방향성이 분명하다 보니 1차 면접 대상을 추릴 때 적합한 인재들이 눈에 쏙쏙 들어왔다. 실제로 조직관리에 있어 경력사원 채용 때는 '서류상 괜찮은 사람'을 뽑는 것이 아니라 기업이 현재 가장 필요로 하는 인재를 명확히 하고 그에 가장 적합한 사람을 뽑으려는 노력이 중요하다.

심층 면접을 통해 총 70명을 채용한 후 하림이 다음으로 한 것은 바로 '용광로 작업'이었다. 채용한 인재들을 2주 동안 전세 낸 호텔에서 숙박하게 하면서 서로 융화되도록 만든 것이다. 70명 경력사원 중에는 대기업인 동원 출신, 육가공 전문업체인 진주햄 출신 등 여러 기업 출신들이 있었다. 이런 융화 과정 없이 그들이 곧바로 일을 시작하게 될 경우 하림의 문화가 스며들지 않은 채 각자가 가진 경험과 문화가 충돌하면서 다양한 문제가 빚어진다. 용광로 전략은 무엇보다 이들에게 하림다운 조직문화를 이해시키고 하나의 비전과 목표를 향해 융화되게 하는 데 목적이 있었다. 2주 동안 그들에게 닭고기에 대한 기본상식을 알려줌은 물론, 농장에 보내 직접 닭똥을 치우게 했다. 하림이 추구하는 조직문화에 대한 교육, 하림의 마케팅 방식, 경영 방식, 축산 전반에 대한 교육을 모두 거치게 한 것이다. 여기에는 고객만족 교육, 세일즈 교육, 마케팅 기본교육까지 모두 포함되었고 채용 전 이미 커리큘럼을 짜서 진행했다. 경력사원들의 나이는 보통 30대 후반이 넘기 때문에 고정관념을 깨기란 쉽지 않다. 그것을 바꾸고 서로 융화되게 하는 데 최소 2주라는 시간이 걸린다고 판단했고, 이 전략은 매우 효과적이었다.

70명의 경력사원 중 몇몇은 이 과정에서 떨어져 나간 경우도 있었지만, 대부분 갑자기 명예퇴직을 당하거나 시기적으로 불안감을 안은 상황이었기에 효과는 더욱 극대화되었다. 모두 빠른 시간 내 하림의 문화를 이해하게 되었고, 하림이라는 조직이 제시하는 방향성을 따라 적극적으로 움직였다. 대부분의 기업이 이런 융화의 과정을 생략한다. 바로 일에 투입하기 바쁘고, 인력에 투자한 돈을 회수하기 위해 촉각을 곤두세운다. 경력사원에 있어서는 더욱 그렇다. 하지만 경력이 아무리 좋은 들 무엇하겠는가. 그들이 가진 달란트가 아무리 탁월해도 조직문화에 적응을 못 하면 하나도 끌러놓지 못하는데.

특히 하림은 외부에서 새로운 사람이 오면 6개월 동안 숙고기간이라는 것을 둔다. 하림의 조직문화와 업무에 적응하기 위해서 최소 6개월은 필요하다고 여기는 것이다. 그리고 6개월 동안 '적응을 잘하나 안 하나'를 지켜보는 게 아니다. 내부에는 그들이 최대한 빨리 조직문화에 적응할 수 있도록 돕는 서포트 시스템이 있다. 당시 김홍국 회장의 특명을 통해 만든 시스템인데, 외부에서 온 인재들이 자신의 역량 보따리를 빨리 끌러놓을 수 있도록 다방면으로 지원해주는 매우 디테일한 시스템이었다. 나는 그들이 최선의 역량을 우리 회사에서도 마음껏 펼칠 수 있도록 모든 힘을 다해 소위 '집사' 역할을 했다. 사무실, 자동차뿐 아니라 그들이 사용하는 책상과 사무용품 하나까지도 세세하게 신경을 써서 서포트했다. 무척 사소해 보이는 이 업무들이 실제로는 그들이 가진 성향이 하루라도 빨리 융화되어 우리가 원하는 모양의 강판으로 나오게 하기 위한 전략이었고, 이는 매우 성공적이었다.

CHAPTER 2 •••

경영은 과학이다

**동물적 감각으로 비전을 제시했다면,
사람과 시스템을 연결해 그 비전을 실행케 하라**

　사장이 조직의 문화를 세우고, 검증한 후, 직원들이 이에 잘 적응하고 융화될 수 있도록 노력하는 과정은 회사의 성공을 위해 필수적이다. 대기업은 이미 이런 작업이 잘 이루어지고 있지만, 중소기업에서 이런 부분을 챙기기란 쉽지 않다. 일단 '망하지 않아야 한다'는 눈앞의 과제 때문에 멀리 내다보고 가기가 힘들기 때문이다. 다시 한번 강조하지만 한 조직의 문화는 사장에 의해 결정되고, 그것이 조직원들과 잘 공유될 때 그 기업은 오랫동안 존속되며 성장하고 성공할 수 있다. 바꾸어 말하면, 아무리 능력 있는 인재들이 회사에 많이 있다 하더라도 하나의 방향을 향해 나아가지 못한다면 그 조직은 오래갈 수 없다. 설사 어떻게 사업이 지속된다 하더라도 한계는 반드시 올 것이며, 그때 생각지 못한 이유로 한 번에 공든 탑이 무너질 수 있음을 명심해야 한다.

이번 장에서는 사장이 반드시 갖춰야 할 경영마인드 두 번째 원칙을 설명하려고 한다. 그전에 다음 질문에 답해보자.

> 당신 회사의 비전은 무엇인가?

이 질문에 답했다면 다음 질문에도 대답해보자.

> 그 비전을 실행하기 위해
> 어떤 방법을 사용하고 있는가?

아마 이 질문에 대해 곧바로, 명료하게 답하기는 힘들 것이다. 중소기업 중 성공한 경우를 보면 소위 '교과서 대로' 회사를 시작한 경우는 드물다. '중소기업 시작하기'에 대한 탁월한 방법들을 다룬 많은 책들이 있지만, 실제로 사장들 중 이 방법들을 숙지하고 체계적으로 계획을 세워 창업한 경우가 얼마나 있을까. 그들은 보통 창업 마인드(회사를 운영하고 싶다)가 강하든가, 동물적으로 시장의 흐름을 읽고 '지금이야!' 하며 창업하는 경우가 대부분이다. 이처럼 시장을 꿰뚫는 사장의 감각은 특히 사업 초창기에는 매우 중요하다. 그리고 작은 성공은 이러한 방법으로도 충분히 가능하다.

여러 가지 면에서 부족한 것투성이인 상태에서(자금, 인력 등) 사장은 성공에 대한 원대한 꿈을 안고 회사를 창립한다. 그리고 몇몇 책에서 본 대로 자신이 꿰뚫어 본 시장의 흐름, 그리고 자신이 그리는 미래를 바탕으로 비전을 수립한다. 그런 다음, 조직원들과 이 비전을 공유하며 이렇게 외칠 것이다. "할 수 있다! 하면 된다! 우리는 반드시 성공할 것이다!"라고. 이 외침은 처음에는 함께하는 조직원들의 가슴에 가서 감동으로 부딪힐 수 있다. 그들은 지금은 보잘것없는 이 회사가 '언젠가는' 멋진 기업이 되어 사장의 비전이 성취됨과 동시에 우리의 비전 역시 성취되리라 생각할지도 모른다. 그러나 그 외침이 언제까지 조직원들의 마음에 이러한 설렘과 기대를 자극할 수 있을까? 매일 쌓이는 업무와 고과 속에 언제까지 그들이 비전을 향해 달릴 수 있도록 할 수 있을까?

단도직입적으로 이야기하자면 그건 '매우 불가능한' 일이다. 앞에서 말한 것처럼 작은 성공이나 일시적 성공은 시장을 읽는 사장의 감각으로도 가능할지 모른다. 하지만 회사가 어느 정도의 궤도에 올라서고 그 이상의 시장을 확보해 큰 성공으로 가기 위해서는 반드시 데이터가 필요하다. 여기서 데이터란 곧 숫자를 바탕으로 한 체계적인 관리 시스템을 의미한다. 동물적 감각은 때때로 우리를 배신하지만 데이터는 결코 우리를 배신하지 않는다. 사업에 시동을 걸 때는 사장의 동물적 감각이 필요하지만, 목표를 향한 안정적이고 발전적인 운행을 위해서는 반드시 시스템이 필요하다. 즉, 동물적 감각으로 세운 회사를 존속시키고 지속, 성장시키기 위해서는 데이터베이스를 기반으로 한 관리 시스템이 필수적이다. 이미 느끼고 있는 사장들이 있겠지만, 비전을 실행하는 데 있어 시스템이 부재한 상태에서는 어느 순간 관리에 한계가 온다. 따라서 어느 시점이 되면 데이터를 이용한 경영의 과학화가 반드시 필요하다.

경영은 민주주의가 아니다

● ● ●

하림의 김홍국 회장이 경영에 대해 갖고 있던 생각 중 가장 강력했던 것 하나가 바로 "경영은 민주주의가 아니다."라는 것이다. 즉, 경영은 최고경영자의 동물적 경영 감각과 의지, 그리고 결단력에 의해 이루어진다. 마치 민주주의를 하듯 임원들을 모아놓고 투표를 통해 의사를 결정하고 주요 방향을 논의한다는 건 넌센스다. 또 "경영은 관리라는 과학적 시스템 속에서 완성된다." 역시 김홍국 회장의 중요한 경영마인드였다. 관리가 안 되면 방치된 조직으로 전락하고 좋은 인력을 낭비하게 한다. 삼성의 이건희 회장은

"삼성은 덩치만 큰 중소기업"임을 강조하며 경영의 핵심이 사람과 시스템이 있음을 늘 강조했다. 그는 체계적인 시스템을 통해 조직 내 언어를 통일하고, 최고의 인재들이 능력을 발휘할 수 있도록 시스템을 최적화하기 위해 온 힘을 기울였다. 경영은 아직 부족한 것이 많은 배 한 척을 이끌고 망망대해를 항해하는 것과 같다. 경험이 있고 감은 있지만 여전히 부족한 선장에게 나침반은 필수다. 빅데이터를 활용한 올바른 방향감각과 업무의 올바른 우선순위를 정하는 경영시스템은 경영자에게 나침반과도 같다.

물론, 유독 '직관'이 뛰어난 사람이 있다. 같은 것을 보더라도 그 사람이 보는 관점은 다르고 나아가 탁월하기까지 하다. 하림의 김홍국 회장 역시 그랬다. 남들이 생각하는 것보다 늘 한 발 혹은 몇 발 더 앞서 생각하고 내다보며 시장을 읽고 미래를 계획했다. 대부분이 '이쪽'을 가리키는데 아주 발달된 촉으로 '저쪽으로 가야 한다.'라고 방향성을 제시하곤 했다. 그리고 그 촉은 늘 기가 막히게 맞아떨어졌다. 컨설팅을 하다 보면 중소기업 사장들 중에서도 이런 촉을 가진 사람이 많다. 그래서 그 촉으로 사업의 초기 단계에서 성공의 궤도에 진입하는 경우가 많다. 하지만 그 직관은 궤도에 진입하는 데 탁월성을 발휘하지만 다음 단계에서 한계를 가지고 온다. 앞에서 말한 시스템의 도입과 실행이 최대한 빨리 이루어져야 하는 이유다. 이 사실을 깨닫고 재빨리 경영에 적용하는 것 자체 역시 사장의 촉이라고 할 수 있다.

경영학을 공부해보면 모든 과목에 '관리'라는 말이 붙는다는 걸 알 수 있다. 인사관리, 재무관리, 생산관리, 서비스관리 등. 이는 곧 경영은 관리이며 사장의 경영마인드 역시 관리에서 출발한다는 뜻이다. 때때로 나는 아주 격하게 이야기하기도 한다. "사장의 촉이 아무리 발달하고 직원들이 아무리 유능해도, 관리가 안 되면 그 회사는 망한다."라고. 왜 그럴까.

이유는 간단하다. 조직관리, 인사관리가 안 되면 훌륭한 인재는 방치된다. 원가관리, 생산관리, 수익관리가 안 되면 수익성이 떨어진다. 재무관리, 채권관리가 안 되면 돈을 떼이고 세금 폭탄을 맞는다. 서비스관리가 안 되면 기업 이미지가 하락하고, 복지관리, 학습관리, 성과관리가 안 되면 직원들의 사기가 떨어지고 능력이 떨어진다. 즉, 관리가 안 된다는 건 기업의 모든 면이 곧 서서히 무너질 것을 예고하는 것과 같다. 따라서 사장은 모든 분야에 관리 시스템과 매뉴얼을 만들고 적용해야 한다. 우리가 알 만한 대기업은 이미 그렇게 운영되고 있으며, 중소기업 중에서도 체계적인 관리 시스템이 운용되고 있는 경우가 많다. 하지만 창업한 지 1~2년이 넘었는데도 여전히 사장의 직관에만 의존해서 운영되고 있는 기업도 태반이다.

인재의 능력을 끌어내는 것이 시스템이고,
무능력자를 능력자로 만드는 것이 시스템이다

● ● ●

그렇다면 이 시스템은 어떻게 만들 것인가? 이 책을 통해 나는 이제 막 기업을 세웠거나 혹은 이미 운영을 하고 있는 중소기업 사장들이 바로 도입하여 적용해볼 수 있는 핵심적인 시스템들을 알려줄 것이다. 우선 이 장에서는 시스템의 중요성을 강조하고, 우리 기업에 맞는 시스템을 잘 선택할 수 있도록 인사이트를 제시하려고 한다. 가장 먼저, 시스템의 개념과 중요성을 이야기해보자.

조직에서의 시스템에서 가장 먼저 생각해야 할 것은 바로 '사람과의 연결'이다. 회사에 좋은 인재들이 많고 그들이 가진 달란트가 아무리 탁월하다 하더라도 조직의 시스템이 이를 받쳐주지 않으면 그것은 단 하나도 성과와 연결되지 않는다. 여기서 시스템이란 조직원들이 최고의 성과를 내도록 뒷받침하기 위한 최적화된 관리체계, 즉 서포트 시스템을 의미하는데 예를 들면 성과관리 시스템, 인사관리 시스템, 기타 다양한 전산 시스템 등을 의미한다.

그렇다면 모든 시스템이 사람과 연결되어야 하는 이유는 무엇인가? 바로, '사람을 움직이게' 하기 위해서다. 가장 기본적인 전산 시스템은 소위 직원들의 '개고생'을 막아준다. 전산으로 처리할 수 있는 간단한 일들을 일일이 사람이 처리하느라 시간 낭비, 인력 낭비가 되는 경우를 얼마나 많이 보았는가. 인사관리 역시 직원들의 시간과 노력을 효율적으로 만들어준다. 인사관리 속에는 다양한 것이 포함된다. 특히 성과에 따른 당근과 채찍(포상과 승진, 패널티 등)이 시스템으로 관리될 경우, 누가 뭐라고 하지 않아도 스스로 알아서 자신의 성과를 관리하게 된다. 학습시스템 역시 마찬가지다. 이질문에 대답해보자.

인재는 만들어지는가,
태어나는 것인가?

아마 조금 똑똑한 사장이라면 "만들어진다."라고 대답은 할 수 있을 것이다. 그러나 진짜 똑똑한 사람이라면 그다음 질문에도 대답할 수 있어야 한다.

"그렇다면 인재는 어떻게 만들어지는가?"

답은 이미 이야기한 것처럼 '시스템'에 있다. 학습시스템 역시 잘 구축되어 있으면 인재들이 저절로 만들어진다. 회사에 새로 들어온 인재가 조직의 문화에 잘 적응해 자신들의 능력을 발휘하는 것도 시스템, 아직 별로 갖춘 것이 없다고 여겨지는 직원이 자신의 달란트를 찾고 유능한 인재로 거듭나게 하는 것도 시스템이다. 즉, 인재의 능력을 끌어내는 것이 시스템이고, 무능력자를 능력자로 만드는 것이 시스템인 것이다.

사장이 필요 없는 회사 만들기

● ● ●

1999년, 하림의 마케팅 담당 이사였던 나는 독일에 출장을 갔다. 거기서 우연히 풀무원 남승우 회장을 만났다. 식품전시회에서 그를 보자 반가움이 몰려왔다. 이미 오래전부터 꼭 한번 만나고 싶던 분을 이런 곳에서 만나다니. 더욱이 그 대단한 분과 어렵게 맥주 한잔할 기회까지 얻게 된 것이다. 우리는 이런저런 이야기를 나누면서(주로 내가 질문하고 답변을 받는 식이었다), 편안한 자리를 가졌다. 이야기를 나누다 보니 남승우 회장은 단순한 출장이 아니라 벌써 한 달째 유럽에 머물고 있다는 걸 알게 됐다. 사업에 필요한 아이디어를 얻기 위해 한 달째 전시회만 돌고 있다는 것이다. 순간, 내 머릿속에 생각이 스쳤다. '아니, 대표가 한 달이나 회사를 비운다고? 이게 말이 되나?' 그리고 나는 이 생각을 참지 못하고 남 회장에게 질문했다.

"회장님. 한 달이나 회사를 비우시면 회사는 누가 운영합니까?"

그러자 남 회장이 대답했다.

"회사는 더 이상 내가 필요 없습니다. 우리 회사는 시스템으로 돌아가거든요."

당시 하림은 김홍국 회장의 동물적 감각과 '무조건 열심히 한다' 라는 열정적 태도로 회사가 돌아가고 있었다. 방법도, 지표도 없이 그저 7시 출근 10시 퇴근. 무조건 열심히 내달렸다. 예를 들어, 겨울철에 공장을 짓는 시기가 되면 직원은 옥상에 올라가 새로 깔아둔 시멘트 위에 담요를 덮고 스토브를 켜고 밤을 새웠다. 마치 일본전산을 떠올리게 하는 이러한 열정 문화는 하림을 무섭게 성장시키는 원동력이 되어주었다. 그 열정은 CEO에게서 출발했고 그의 코드에 잘 맞는 직원들과 결성된 하림이라는 조직은 뜨겁게 타올랐다. 그러나 이 열정 경영은 어느 순간 한계에 부딪혔다. 과학적 경영시스템 없이는 회사의 성장도 이루어지지 않는다는 걸 느낀 김홍국 회장은, 이와 관련된 여러 전문가를 스카우트했고 그 과정에서 나도 하림에 입사하게 되었다.

그런 상황에서 독일 출장에 갔던 나는 그곳에서 풀무원 남승우 회장을 만났고, 그의 이야기를 듣게 된 것이다. 시스템에 의존해 한 달이나 회사를 비울 수 있다는 사실에 머리가 한 번 확 트이는 자극을 받게 된 나는, 한국으로 돌아오자마자 김홍국 회장에게 달려가 즉각 이 상황을 보고했다.

"독일에서 남승우 회장을 만났습니다. 풀무원은 모든 업무를 전산화시켜 임원은 물론 직원들까지 시스템으로 관리되고 있습니다. 회장이 한 달이나 회사를 비워도 문제없이 돌아간다고 합니다. 직원들 학습시스템까지 다 만드는 전산시스템 구축에 100억 원을 투자했답니다."

나보다 훨씬 자극을 받은 김홍국 회장은 당장 남승우 회장을 하림으로 초대해 만났고, 그가 돌아간 후 나를 부른 김 회장은 곧장 이렇게 지시했다.

"돈이 얼마가 들든, 무조건 우리도 최고급으로 전산 시스템을 도입하세요."

벌써 27년 전 이야기다. 하림은 이제 막 작은 매출 목표를 달성한 시골의 조그만 기업이었다. 그러나 지시를 받은 전산팀은 파격적인 자금을 투자해 당시 중견기업 이상 되는 곳들이 쓰고 있는 전산시스템을 모두 도입했다. 당시 하림의 매출은 1,000억 미만. 1조 원 이상 매출을 올리는 기업이 되는 것이 김홍국 회장의 목표였기에 다음 단계를 위한 결단이 필요했다. 그리고 이때 필요한 것이 바로 시스템 경영임을 직관한 김 회장은 과감하게 결단을 내리고 다음 목표를 향해 크게 한 발을 내디딘 것이다. 아예 시스템 도입을 생각조차 못 하는 사장도 많지만, 생각만 하고 방법을 몰라 방황하는 사장도 많은 걸 볼 때 당시 그 결단은 매우 탁월했다.

이 시스템을 조직에 적응시키고 사람을(특히 역량을) 체계적으로 관리하기 위해 위해서 나는 다양한 방법들을 시도했다. 내 경우 다음과 같은 일들을 시도해보았는데, 벌써 오래 전에 도입했던 관리 시스템이지만 여전히 효과를 발휘하는 것들이 많다.

제대로 된 관리를 위해 하림에서 한 일

- 모든 업무를 매뉴얼화하고 프로세스화해서 시스템 경영을 구축했다.
- 모든 업무에 핵심관리지표(CCP)를 만들어서 관리했다.
- 모든 업무에 R&R(역할과 책임) 시스템을 재정립하여 책임과 권한을 명확히 했다.
- 모든 조직에 원가의식을 확실히 심어주었다.
- '문제점 노트'와 '지시사항 이행철'을 만들어 전 직원의 업무를 디테일하게 관리했다.

위 리스트 중 대부분은 뒤에서 하나하나 세세하게 짚어볼 것이다. 우선 이 장에서는 '핵심관리지표'와 '문제점 노트'에 대해 간단히 이야기해보려고 한다.

시스템을 이용해
사장이 일하기 쉬운 환경을 만들어라

● ● ●

모든 업무에는 '핵심관리지표'라는 게 필요하다. 이를 CCP(Critical Check Point)라고 한다. 조직에서 가장 중요한 포인트들을 오류 없이 관리하기 위해 지표를 정하고 관리하는 것이다. 매출, 수익, 반품, 원가관리, 회계, 마감, 세금 등이 여기에 해당한다. 중소기업들은 대부분 담당 직원들이 이를 맡아서 관리하고 사장이 이 직원들을 통해 보고를 받거나 관리를 하게 되는데, 시스템 경영은 이 모든 것을 데이터화하여 시스템적으로 매일 확인하게 하는 것을 의미한다.

하림의 경우를 예로 들어보자. 내가 근무할 당시 하림의 지점장은 14명이었다. 그들의 업무가 관리되는 것은 곧 회사의 성장과 성공에 매우 직접적으로 연결되었다. 그런데 직원들의 근태는 어떤지, 업무 진행상황과 성과는 어떤지, 매출은 얼마인지… 이것을 전화로 매일 물어보거나 일일이 보고받을 수는 없는 일이었다. 그날 하루의 일을 쳐내기도 바쁜 지점장은 나름대로 열심히 일하지만 보고와 관련해서는 서로 잊어버리는 일도 부지기수였다. 그래서 하림은 중요한 지표들을 체크할 수 있도록 시스템을 만들어 지점장의 컴퓨터에 깔았다. 출근하고 컴퓨터를 켜면 아이디 패스워드를 치고 로그인을 하게 했고, 그와 동시에 보고 내용이 바로 입력될 수 있도록 만들었다. '보고를 한다, 안 한다'를 체크하는 것이 아니라 당연히 '할 수밖에 없게' 만들어버린 것이다. 이것이 바로 시스템 경영이다.

나는 하림에 근무하면서 한쪽 옆구리에 늘 세 권의 노트를 끼고 다녔다. 한 권은 이 책을 탄생시킨 '온갖 메모장'이고, 한 권은 '문제점 노트' 그리고 나머지 한 권은 '지시사항 이행철'이었다.

1. 문제점 노트로 조직원의 역량을 끌어올린다

'문제점 노트'는 시스템 경영의 핵심이었다. 문제점 노트란 말 그대로 현재 우리 회사에서 일어나고 있는 '눈에 보이는 혹은 보이지 않는' 모든 문제점에 대해 정리한 노트를 의미한다. 문제가 없는 게 최고이겠지만, 문제가 없길 바라고 있다 보면 문제만 발생하면 짜증이 날 수밖에 없다. 일본전산의 철학이 '문제는 해결하기 위해 존재한다'이지 않던가. 나가모리 사장의 철학처럼 비즈니스 정글에서 궁극적인 차이를 만드는 것이 바로 '문제 해결 습관'이다. 하림의 김홍국 회장 역시 문제가 없기를 바라는 대신 '빨리' 문제를 발견하고 '빨리' 해결하는 것을 철칙으로 여겼다('빨리'라는 말이 두 번 들어가는 게 중요하다). 기업에서의 문제는 우리 몸에 생기는 암과 같아서 조기에 발견할수록 치료의 확률도 높아진다. 문제는 언제나 생길 수밖에 없다. 이를 피하거나 두려워하지 않고 최대한 빨리 발견해 어떻게든 해결해보겠다는 마인드가 매우 중요하다.

나를 포함해 하림의 모든 임원들은 주간회의를 할 때 이 문제점 노트를 들고 들어온다. 하림에는 아예 '문제점 회의'가 따로 있었다. 실적 보고가 아닌 그 시간만큼은 딱 '문제점'만 놓고 해결방안을 찾는 것이다. 이 노트를 작성하기 위해서는 평소 회사를 바라볼 때 그냥 보는 것이 아니라 반드시 해결해야 할 문제가 있는지 없는지 본질적으로 접근해서 바라보아야만 한다. 그리고 회의 때 자신이 발견한 문제를 제시하고 그에 대한 해결방안을 논의해야 하므로, 여기에 대한 고민 역시 할 수밖에 없다. 이 역시 '한다, 안 한다'의 문제가 아니었다. 나 역시 회사에서 일어나는 모든 업무와 관련해 조금이라도 개선해야 할 점이 있다면 그것을 문제점 노트에 메모했다. 메모장을 옆구리에 끼고 다닌 지 1년이 넘어가자 나도 모르게 내 몸에 레이더망이 달린 것만 같았다. 문제점이라고 여겨지는 것이 레이더망에 걸리면 뇌에서 '삐- 삐-' 하고 경적이 울렸고, 그러면 바로 문제점 노트에 내용을 적고 이를 해결하기 위한 고민을 시작했다. 그 정도로 나는 이 관리 시스템에 체화되고 있었다.

2. 지시사항 이행철로 조직 내 사각지대를 관리한다

다음은 '지시사항 이행철'이다. 이 관리 시스템은 모든 조직원들을 매우 타이트하게 움직이도록 만들었다. 내가 이런 이야기를 하면 혹자는 "아니, 그런 게 왜 필요해요? 보고를 충실하게 하도록 하면 되지."라고 할지 모른다. 그러나 중소기업 사장들이라면 한 번쯤은 그런 경험을 한다. 바로, 지시한 사람도 잊어버리고 지시받은 사람도 잊어버리는 경험 말이다. 지금 당장은 중요한 일 같아서 지시했는데, 한 달 후쯤 밥을 먹는데 문득 떠오른다. 부랴부랴 직원을 부른 사장이 말한다. "아, 참. 그거 어떻게 됐지?" 사실 이런 일은 부지기수다. 엄밀히 따지면 지시받은 사람이 알아서 보고를 해야 하지만 실제로는 지시한 사람이 기억해야 하는 상황이 더 많다.

이런 일을 단번에 해결하는 것이 바로 '지시사항 이행철'이다. 지시한 사람도 지시를 받은 사람도 이 내용에 대한 진척상황을 계속 체크해서 공유해야 한다. 이와 관련한 회의가 토요일에 열린다면 임원들의 스탭들이 회의 전에 임원에게 최종적으로 사전 보고를 해준다. "지난주에 회장님이 이 부분을 지시하셨고, 상무님이 보고하실 내용은 이것입니다." 회의 때는 자신이 회장으로부터 지시받은 내용이 어떻게 진행되고 있는지, 완결은 되었는지, 되지 않았다면 몇 퍼센트까지 달성했는지, 못하고 있다면 이유가 무엇인지 등을 발표해야 한다. 만약 금요일까지 준비하지 못한 상황이라면 부랴부랴 밤을 새우더라도 준비를 해야 하고, 허겁지겁 금요일을 보내기 싫은 임원이라면 평소 계속해서 이 이행철의 내용을 준비해 두어야 한다.

지시사항 이행철을 사용하면서 가장 크게 변화한 것은, 관리자와 담당자들 간의 긴밀한 소통이 이루어졌다는 것이다. 나는 노트에다 누가 무슨 일을 하는지 세세하게 적어 리스트를 만들었다. 보통 20개가 넘는 항목이 노트에 적혔고, 나는 자필로 일일이 적어 담당자들에게 해당 내용을 전달해주었다. 그러면 목요일에 자신들이 맡은 업무 진척상황을 나에게 보고하고, 나는 그것을 취합하고 정리해 회의에 들어가는 것이다. 즉, 회장이 나에게 하듯 나도 똑같이 담당자들을 관리했다. 출장을 가더라도 그 항목을 꺼내어 보면서 주요한 내용의 경우 담당자에게 연락해서 "4번 어떻게 되고 있어? 7번은 완료됐어?" 식으로 체크를 하곤 했다. 이렇게 하니 절대 놓치는 일이 없고, 지시한 사람과 지시받은 사람이 동상이몽하는 일 자체가 사라졌다. 지시받은 사람이 '어, 상무님이 지난주에 지시한 거 잊어버렸나 보다.' 하고 안도하며 지시받은 일이 잊히기를 바라는 꼼수는 상상할 수도 없다. 이 역시 '한다, 안 한다'의 문제가 아닌 '할 수밖에 없는' 일로 시스템화되었기 때문이다.

이런 시스템의 가장 핵심은 바로 '사장이 일하기 쉽게 만드는' 데 있다. 모든 게 프로세스화 되면 조직은 단단해질 수밖에 없고, 크든 작든 절대 놓치는 일이 없어진다. 또 임원에서 사원까지 모든 직원이 어느 정도 긴장된 상태로 일하면서 회사 내 사각지대가 없도록 체계가 갖춰진다. 특히, 임원은 디테일에 강해진다. 어떤 일을 누가, 언제까지, 어떻게 완료할 것인지 상시 점검하고 보고받고 문제가 있을 시 해결책을 궁리해야 하므로 '적당히' 넘어가는 일이란 존재하지 않게 된다.

조직을 살아있게 만드는 방법은 "우리 회사의 목표는 무엇이며 이것을 반드시 달성하자! 열심히 하자! 하면 된다!"라고 외치는 구호가 아니다. 백날 구호를 외쳐도 '어떻게 달성할 수 있는가'에 대한 방법이 구축되지 않으면 절대 그 목표는 이루어지지 않는다. 살아있는 조직은 조직원 한 명 한 명이 늘 긴장된 상태로 매일 아침 출근해서 외친 구호를 시스템 속에서 실행한다. 내 몸에 레이더망이 설치되었던 것처럼 조직에 딱 맞는 시스템은 조직원들의 달란트를 끌어내고 성장시킨다. 아침에 눈을 뜨면 자동적으로 양치질을 하고 세수를 하는 것처럼, 일일이 시키지 않아도 어느 순간 모든 일이 자동적으로 이루어지게 된다. 하림에 있을 당시 그 과정을 생생하게 지켜보았고, 나는 시스템이 얼마나 사람들을 성장시키는지 몸소 경험했다.

말만 번지르르한 독서경영은 빛 좋은 개살구

● ■ ●

아직도 믿어지지 않는(혹은 얼떨떨한) 중소기업 사장들을 위해 사례를 하나 더 들어보겠다. 최근 조직원의 자기계발과 성장을 위해 웬만한 중소기업에서 모두 하고 있다는 '독서경영'에 대한 것이다. 이는 회사의 관리 시스템 중 '학습시스템'에 해당하는데, 보통은 시스템이 아닌 사장의 경영 방침 중 하나 정도로 실행되는 경우가 대부분이다. "우리 회사는 아닌데요?"라고 대답하는 사장이라면, 나의 이 질문에 답해보자.

> 직원들은 읽은 책의 내용을 잘 숙지하고
> 업무와 자기계발에 활용하는가?
> 그 사실을 어떻게 체크하고 있는가?

"우리 박 부장이 체크하고 있어요." 만약 이 책을 읽는 사장이 이렇게 대답했다면, 당신의 독서경영은 애초에 당신이 의도한 대로 되지 않고 있다는 사실을 알아야 한다. 중소기업 컨설팅을 하다 보면 이런 이야기를 하는 사장들을 만난다.

"우리 회사는 직원에게 책을 엄청나게 읽힙니다. 책값만 1년에 2,000만 원이 들어요."

어깨가 한껏 올라간 사장의 자랑을 들은 지 1년도 채 되지 않아 그 회사에 다시 가보면 사장은 고민에 휩싸여 있다.

"독서경영에 이렇게 많은 돈을 투자하고 권장하는데, 왜 직원들의 실력은 늘지 않는 거죠? 인재가 길러지지 않아요."

당연하다. 2,000만 원이나 되는 책값을 투자한 사장과 직원은 이미 동상이몽을 하고 있다. 중요한 건 책을 사서 "읽으세요." 라고 말하는 게 아니다. 그 책을 잘 읽었는지, 제대로 읽었는지, 읽었다면 업무와 자기계발에 어떻게 적용하고 있는지 체크하는 것이 중요하다. 독서는 조직원들의 역량을 키우고 인재를 양성하는 매우 중요하고 좋은 툴 중 하나다. 단, 이를 시스템화했을 때만 가능하다.

하림의 경우 1년에 30권 이상의 책을 읽도록 했다. 10권은 회사에서 지정한 책, 20권은 본인이 원하는 책이다. 처음에 이를 시스템화하지 않았을 때는 독서토론을 열어 서로 자유롭게 논의도 하고 그랬지만, 실제로 읽어온 사람은 50%가 되지 않았다. 독서를 한 것이 인사에 반영되지 않으니 일은 바쁘고, 시간에 쫓긴다는 핑계가 '책을 제대로 못 읽는' 명분으로 충분히 통했다.

그러나 독서경영을 시스템으로 관리하는 순간 상황은 바뀌었다. 하림의 독서경영 시스템은 크게 2가지로 관리되었다. 첫째, 책을 읽고 리포트를 써내지 않으면 승급 심사 대상에서 탈락한다. 아무리 일을 잘해도 이 부분이 완료되지 않으면 대상 자체에서 제외되었다. 업무 성과를 많이 내놓고 독서 리포트를 써내지 않아 승급 심사에서 제외되는 황당한 경우를 피하기 위해, 모든 직원은 1년 동안 부지런히 책을 읽고 리포트를 써서 올려야 했다.

둘째, '3인 학습'이다. 당시 '잭 웰치'의 책이 한창 인기가 있었다. 부장급 이상은 반드시 그 책을 읽고 다음 주에 독후감 발표를 해야 한다. 전체 인원 40여 명 중 랜덤으로 지목된 세 사람이 똑같은 책을 읽고 발표를 하게 된다. 누가 지목될지 모르므로 전원 독후감을 준비해와야 하는 건 물론이다. 그리고 발표 시간. 세 사람은 각각 자신들이 본 관점에서 책을 해석하고 이야기한다. 발표하지 않은 37명은 3명의 발표를 보고 자신의 자료와 비교하면서 책을 완전히 소화시킨다. 자신이 읽은 후 다른 사람의 생각을 덧보태어 들으니 학습 효과가 올라갈 수밖에 없다. 이것이 끝이 아니다. 하림에는 독서경영의 무서운 단계가 하나 더 숨어있었다. 바로, 이 시간에 김홍국 회장이 참여한다는 사실. 김홍국 회장 역시 책을 꼼꼼하게 읽은 후 회의에 들어온다. 발표가 끝나면 갑자기 한 사람을 지목해서 물어본다.

"저기, 이 상무. 이 책 240페이지 셋째 줄 말이야. 이게 무슨 뜻이에요?"

그 질문의 대상이 누가 될지 모르니 참여자들은 고시를 공부하듯 책을 볼 수밖에 없다. 이 과정에서 조직원의 역량은 당연히 올라간다. 2,000만 원어치 책을 사주면서 "책 많이 읽어야 해요!"라고 말하는 것과는 하늘과 땅 차이다. 이것이 시스템 경영이고 디테일 경영이다. 이것이 곧 일류대학을 나오지 않은 평범한 인력이 대기업과 싸워 이기게 만든 시스템 경영인 것이다.

주식회사 핸즈(Hands)

· · · · ·

자, 지금부터 재미있는 이야기를 하나 해보려고 한다. 먼저, 당신의 회사를 손이라고 생각해보자. 이제 주식회사 핸즈에 대한 이야기를 해볼 것이다.

❶ 주식회사 핸즈의 조직도는 다음과 같다. 엄지는 사장이고 검지는 임원, 중지는 관리자, 약지는 실무자, 새끼손가락은 신입사원이다. 그림에서 보듯 혼자 떨어져 있는 사장이 외로운 것은 당연하다.

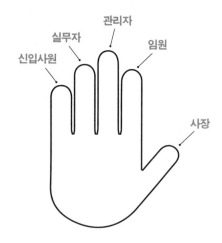

❷ 엄지인 사장은 신입부터 임원까지 모두에게 관심을 갖고 직접 접촉하며 위로할 수 있는, 그리고 위로해야만 하는 유일한 존재다. 실제로 엄지는 자신을 제외한 나머지 네 손가락을 모두 만질 수 있는 유일한 손가락이다.

❸ 또한 어떤 경우에도 사장은 최후의 보루로서 있어야 한다. 이렇게 설 수 있는 손가락 역시 엄지밖에 없다.

❹ 주먹을 쥐어야 할 때, 즉 외부(경쟁자)와 싸울 때 사장이 숨는 것보다는 사장이 나설 때 펀치력이 더 세진다.

❺ 임원은 직원 중 사장과 가장 가까운 위치이지만, 동시에 사장보다는 직원들 쪽에 더 가깝게 서 있어야 한다. 그래서 중요한 자리다. 사장과 업무를 공유하고 지시사항을 이해하며 사장의 심리까지도 잘 파악하는 역량이 필요하지만, 동시에 조직원들을 잘 챙기고 키우는 역량 역시 필요한 것이 임원의 존재다. 임원이 만약 사장의 편에만 서서 생각한다면 임원과 조직 사이에는

벽이 생기게 된다. 따라서 중간 역할을 매우 잘해야만 하는 중책이라 볼 수 있다.

 ❻ 그리고 모든 실적은 경영진들이 책임진다. 직원 탓으로 돌릴 수 없다.

 ❼ 업무 강도는 손가락의 길이와 같아야 한다. 그래야 제대로 된 회사다. 사장이 모든 일을 하는 회사라면 문제가 있는 회사라는 것이다. 신입만 개고생하는 회사, 사장이 모든 것을 다 하는 회사는 옳지 않다. 물론 회사 초기에야 사장이 모든 일을 다 할 수도 있다. 그러나 어느 정도 자리를 잡은 뒤에는 그래서는 안 된다.

신입사원이 일이 많다면 그것은 회사의 시스템에 문제가 있다는 뜻이다. 경영진이 일이 많다면 경영진이 무능하다는 의미와 같다. 이에 대해 냉철하게 한번 고민해보길 바란다. 물론 업무 강도와 회사 기여도는 다르다. 일에 시간을 많이 투자한다고 하여 그만큼의 업무 성과가 나오는 것은 아니라는 뜻이다. 성과가 나지 않는 과중한 업무는 그저 퍼포먼스에 불과하다. 밤을 새우는 직원이 결코 회사에 많은 기여를 하는 것은 아니라는 의미다.

임원은 짧은 시간을 들여 굵은 일을 해야 한다. 경력이 20여 년이나 된 시니어가 여전히 개고생을 하고 있다면 어느 주니어가 그 직업에서 시니어가 되고 싶겠는가. 예전에 미국에 초청을 받아 출장을 간 적이 있다. 미국에서도 매우 큰 대형 슈퍼마켓을 13개 운영하는 사장이 초청하여 가게 되었는데, 이 사장은 매일 새벽 5시에 일어나 회사의 물류창고로 가 야채를 다듬고 박싱을 하는 것이 아닌가. 본인은 매우 성실하고 열심히 모범을 보이는 사장이라 생각하겠지만 개인적인 관점으로 보았을 때 그 회사는 문제가 있는 것이다. 그가 하는 일은 사장이 할 일이 아니기 때문이다. 결과적으로 수년 후에 그 회사는 정말로 부도가 났다. 이런 일은 우리나라의 중소기업들에서도 왕왕 볼 수 있는 일이다.

중간관리자는 회사의 기둥처럼 가장 많은 일을 해주어야 한다. 그리고 거기에 상응하는 대우를 받아야 한다. 그것이 좋은 회사의 밸런스다. 신입은 가장 빛이 나지 않는 작은 일을 맡아 하되 번아웃이 되지 않도록 조절해야 한다. 신입들은 중간관리자나 임원들로부터 배울 것이 있어야 한다. 그렇지 못하면 번아웃이 되게 된다.

 ❽ 중간관리자는 마치 혼자 일을 다 하는 것처럼 괴롭겠지만 만약 아랫사람이 도움을 주지 않고, 윗사람이 배려하지 않는다면 그저 Fuck이 될 뿐이다. 즉 기둥처럼 많은 일을 맡아 행하는 중간관리자라도 아랫사람과 윗사람의 도움이 없이는 제대로 된 실

적을 낼 수 없다는 것이다. 이것이 바로 용광로문화이며 시스템이자 매뉴얼이고 프로세스다.

하급자가 중간관리자를 건너뛰고 더 윗사람에게 직접 커뮤니케이션을 하려 든다면 어떤 식으로든 갈등이 생긴다. 아무리 상급자가 마음에 들지 않더라도 그러면 안 된다. 실제로 중지를 빼고 약지와 검지가 만나려면 자연스럽지 않은 것처럼 말이다. 그러나 실제로 많은 중소기업에서는 이러한 일들이 생기고 있다. 이런 일을 방지하기 위해서라도 제대로 된 결제 시스템과 프로세스가 갖춰져야 한다.

 ❾ 보통 브이자는 검지와 중지로, 약속은 새끼손가락으로 표시한다. 지속적인 성공을 위해서는 임원과 중간관리자가 중요한 역할을 하며, 회사의 미래는 새끼(신입)에게 있다는 의미이다. 현재의 승리는 숙련된 시니어가 책임지고 미래의 승리는 주니어가 약속해준다.

우리 회사는 어떤가? 앞에서 말한 주식회사 핸즈에 우리 회사를 대입해 점검해보는 시간을 가져보자. 사장을 포함해 각각의 위치에 있는 모든 조직원들이 하나의 시스템 속에 융화되어 움직일 때 그 기업은 살아있는 기업이 된다. 외로운 사장도, 중요한 위치의 임원도, 늘 중간에서 많은 역할을 해야 하는 중간 관리자도, 또한 회사의 미래인 신입사원도… 누구 하나 중요하지 않은 사람은 없다. 무엇보다 자신의 역할을 제대로 알고 서로를 배려하며 용광로 속에서 하나되어 태어날 때, 그 조직은 비로소 사장의 꿈을 넘어 모든 조직원의 꿈이 동시에 이루어지는 꿈의 조직이 된다.

CHAPTER 3

촉이 있는 사장은 세 번 이상 Why와 How라고 질문한다

진정 그것이 베스트인가? 왜? 어째서?

전라도 익산역 앞에 짚신 장수가 둘 있었다. 아침이면 똑같이 짚신 100개를 만들어 들고나오는데, A장수는 2시 반이면 짚신이 다 팔리고 B장수는 막차가 다 끊길 때까지도 짚신을 다 팔지 못했다. 심지어 가격도 똑같은데. 오랫동안 짚신을 팔던 A장수가 죽을 때가 되자 가업을 이어받을 아들이 곁에 앉아 아버지에게 물었다.

"아버지, 아버지는 살아생전 어떻게 그렇게 짚신을 많이 파셨는지요. 제게 그 비결을 알려주십시오."

그러자 아버지는 아들에게 단 세 글자를 말하고 숨이 끊어졌다.

"털, 털, 털."

유언과 같은 아버지의 말을 새겨들은 아들은 '털털털'의 의미가 무엇인지 궁리하기 시작했고, 곧 그 말의 의미를 깨닫고 실행에 옮겨 아버지만큼 짚신을 많이 파는 짚신장수가 되었다. '털털털'의 의미는 다름 아닌 짚신에 붙은 '잔털을 털어내라.'라는 의미였다. 짚신을 만들다 보면 잔털이 많이 붙은 채로 완성이 되기 마련이다. B장수는 그것을 그대로 가져다 팔았고, A장수는 그 털을 다 다듬고 털어내어 깨끗한 짚신을 가져다 판 것이다. 같은 가격이라면 조금 더 깨끗하고 좋은 물건을 선택하는 게 당연한 고객은 분명 둘을 비교해보고는 A장수의 짚신을 샀을 것이다.

이는 하림 김홍국 회장이 임원들에게 귀가 닳도록 들려준 이야기다. 그가 강조하고 싶었던 건 바로 '디테일의 힘'이다. 이미 서점가에는 '디테일'을 주제로 한 수많은 책들이 나와 있다. 그만큼 '디테일'이라는 건 분야를 막론하고 일류와 이류를 가르고, 프로와 아마추어를 가르는 중요한 요소다. 특히, 경영에 있어서 디테일은 엄청난 차이를 만들고, 때때로 놀라운 힘을 발휘한다.

작은 부분을 갉아먹는 괴물을 경계하라

● ● ●

조직 내의 관리 시스템이 잘 갖추어졌다면 작은 성공에서 큰 성공으로 가기 위한 1단계 준비를 마친 셈이다. 이제는 이 관리 시스템을 통해 사장은 물론 모든 조직원이 성장하기 위한 단계다. 관리 시스템은 경영의 효율을 높이기 위함에도 그 목적이 있지만, 무엇보다 조직원들이 자신의 달란트를 발견하고 최대한 발휘하며 꾸준히 성장하게 하는 데도 큰 목적이 있다. 디테일의 힘은 이 책의 모든 부분에서 강조해도 부족하겠지만, 굳이 이 부분에서 다루는 것은 디테일이 살아있는 경영은 조직의 시스템 효과를 극대화시키기 때문이다.

많은 사례와 자료를 통해 디테일의 힘이 얼마나 중요한지 알게 되었기에, 최근 창업을 한 대표자들을 만나면 나름대로 모든 면에서 디테일을 적용하기 위해 노력한다. 짚신장수 A가 제품의 경쟁력을 높이기 위해 B장수는 전혀 신경 쓰지 않았던 털을 일일이 다듬는 수고를 들였던 것처럼 많은 중소기업 사장들이 제품의 기획과 생산, 마케팅, 그리고 사람 관리까지 디테일하게 관리하기 위해 노력하게 된 것이다. 그럼에도 불구하고 컨설팅을 가보면 그토록 중요한 디테일의 힘이 발휘되지 않고 있는 모습을 볼 수 있다. 사장은 자신이 팔고자 하는 물건의 시작부터 끝까지, 또 함께 일하는 조직의 성장을 위한 모든 과정을 디테일하게 관리하겠다는 마인드를 가지고 있지만 정작 조직원들은 사장의 마인드와 전혀 관계가 없는 경우가 비일비재하다. 왜 그런 걸까?

기업의 경영에 있어 디테일의 힘이 발휘되려면 사장 혼자만이 가진 마인드로는 안 된다. 즉, 결론부터 이야기하자면, '훈련'이 필요하다. 사장뿐 아니라 모든 조직원이 모든 업무를 디테일하게 바라보고 처리할 수 있도록 하는 훈련. 이것이 조직의 역량을 끌어올리고, 관리 시스템의 효과를 극대화한다.

《디테일의 힘》이라는 책으로 전 세계적으로 히트를 쳤던 저자왕중추는 자신의 책에서 "1%의 실수가 100%의 실패를 부른다."라고 강조했다. 하림의 김홍국 회장이 짚신장수 이야기를 귀가 닳도록 하면서 했던 말도 같은 맥락이다. 그는 "경영은 결국 디테일 때문에 무너진다. 경영이란 조직의 작은 부분을 갉아먹는 괴물을 경계하는 것이다."라며 우리를 세뇌했다. 이를 위해 사장이 가장 먼저 모든 일에 있어 디테일을 챙기는 것은 기본이다. 나는 컨설팅을할 때마다 사장들에게 "디테일에 목숨을 걸라."라고 이야기할 정도다. 왕중추의 책 속에는 일순간의 실수, 아주 작은 습관, 미처 챙기지 못한 사소한 일 하나 때문에 평생을 일군 기업이 망하고, 중요한 기회를 날리며, 원하는 목표를 이루지 못한 수많은 사례가 담겨있다.

기업의 경영 또한 마찬가지다. 사장이 디테일한 부분을 챙기지못한다면 생각지도 못한 작은 부분으로 인해 시스템과 경영이 한순간에 무너진다. 가끔 자신의 직원에게 매사에 "응. 알아서 해요."라고 말하는 사장을 보는데, 훈련되지 않은 조직에게 "알아서 하라."는 말은 "회사를 알아서 말아먹어."라고 말하는 것과 같다. 대체무엇을 어떻게 알아서 한단 말인가? 게다가 알아서 하라고 지시하고는 심지어 그것이 잘 실행되었는지조차 확인하지 않는 사장들은 대체 얼마나 간이 크단 말인가? 조금 과격하게 이야기하자면 그들은 '사장놀이'를 하고 있는 것이지 회사를 경영하는 것이 아니다. 털이 우두두 떨어지는 짚신을 직원에게 건네며 "알아서 팔라."라고 하고 몇 켤레나 팔렸는지 확인도 안 하는 것과 무엇이 다른가.

사장이 디테일에 목숨을 거는 건 기본 중의 기본이다. 동시에 직원 역시 비슷한 모습으로 훈련되어야 한다. 훈련되지 않은 조직은 모든 일에 디테일이 빠져 있다. 그들은 조직원이라면 반드시 알고 있어야 할 여러 사항에 대해 질문했을 때, 명확한 답을 하지 못한다. "언제?"라고 물어보면 "몇 달 후쯤?"이라고 대답한다. 과연 이 기업이 얼마나 오래 존속할 수 있을까? 아니, 존속은 할 수 있을까? 내 경험으로는 99% 머지않아 문을 닫는다. 디테일이 빠진 조직은 어떤 식으로도 제대로 운영되기 힘들다.

그렇다면 사장과 조직원이 디테일에 강해지기 위해서 어떤 훈련을 할 수 있을까? 타고난 성향이 워낙 섬세해서 작은 부분까지 예민하게 신경 쓰는 경우가 아니라면, '디테일'이라는 것이 체질화되고 습관화되기란 쉽지 않다. 우리가 앞에서 배운 것처럼 무능력을 능력으로 만들고, 일일이 챙기지 않아도 할 수 있게 만드는 것. 그것은 바로 시스템화하는 것이다. 디테일을 시스템화하기 위해 가장 효율적인 방법은 바로 '질문'이다. 지금 내가 설명하는 질문법은

'해도 되고 안 해도 되는' 것이 아니다. 사장뿐 아니라 모든 조직원들이 이 질문의 방법에 익숙해져야 하며, 반드시 모든 업무에서 이러한 질문을 반복하고 대답 역시 명확하게 해야 한다. 이러한 질문 습관이 자리 잡으면 기업은 미처 발견하지 못한 문제가 발견되고, 모든 업무가 수치화되어 마치 매직아이처럼 선명하게 보이기 시작하면서 놀라운 성장을 해나간다.

디테일의 힘을 키우는 질문 습관, 선택이 아닌 필수

● ● ●

사장인 당신에게 직원이 결재서류를 가지고 왔다. 서류를 열면 다양한 내용이 보인다. 한 예로, 새로 하려는 프로젝트에 관련한 결재서류라고 해보자. 서류를 검토하던 당신은 직원에게 어떤 질문을 할 것인가? 혹시 대답이 어려울지 모르니 4지 선다형으로 보기를 제시하겠다.

①"응. 좋네. 잘할 수 있지?"

②"준비는 잘 되고 있나?"

③"시간 내에 잘 마무리될 수 있겠어?"

④"누구 아이디어인가? 괜찮은데?"

미안하지만 이 중에는 정답이 없다. 아마 심히 정곡을 찔린 사람이 있을지 모르나, 만약 지금 당신 앞에 놓인 결재서류에 대해 이런 류의 질문을 던졌다면 당신의 조직은 이미 디테일의 힘이 적용되지 않고 있다.

좋은 질문은 기업의 경쟁력을 키우고, 조직원들의 역량을 끌어올린다. 하림에서 했던 독서경영은 이러한 '질문'을 기반으로 한 시스템이었다. 김홍국 회장은 토론 시간에 아무나 지목해서 책과 관련된 질문을 던졌는데, 책의 내용을 완전히 파악하지 않으면 절대할 수 없는 것이 바로 질문이다. 인사이트를 불러일으키는 '좋은 질문'은 더욱 그렇다. 책 한 권에 대해 최소 4시간 이상 숙지하고 고민해야 좋은 질문을 끌어낼 수 있다. 대답하는 사람 역시 좋은 질문에 대한 좋은 답을 하기 위해 4시간 이상 책을 보고 자기 것으로 만들어야 한다. 이런 과정을 거치니 어떻게 직원의 역량이 길러지고 경쟁력이 생기지 않을 수 있겠는가.

그렇다면 앞에서 말한 결재서류에 대한 좋은 질문을 한번 적어보자. 1단계로 던질 수 있는 질문은 간단히 3가지로 정리할 수 있다.

① 이 프로젝트 왜 하려고 하지?
② 하면 결과가 어떻게 나와?
③ 이게 베스트야? 더 좋은 방법은 없어?

오래전 드라마이지만 〈시크릿〉에 나왔던 현빈의 대사가 엄청나게 유행한 적이 있다. "이게 최선입니까? 확실해요?"라는 대사다. 지금 들어도 무릎을 치게 되는 대사. 이 대사는 기업의 경영에 있어 핵심이다. 사장은 항상 직원의 결제서류 앞에서 '이것이 최선인가?'를 질문해야 한다. 그리고 대답을 기다려야 한다. 왜 해야 하는지, 어째서 최선인지, 어떻게 최선으로 만들 수 있는지, 서류를 가져온 담당자가 이 프로젝트에 대해 충분히 숙지하고 실행할 준비를 했는지 점검하는 것이다.

너무 당연한 것 같지만, 의외로 많은 중소기업이 '질문'을 습관화하지 않는다. 컨설팅을 하러 가보면 "하루하루 일에 치어 너무 바쁩니다."라고 호소하는 직원들은 대부분 이런 질문에 훈련되어 있지 않고, 사장은 아예 질문을 하지 않거나 질문에 대한 답을 기다리지 않는 경우가 대부분이었다. 그러나 이러한 질문 습관은 선택이 아니라 필수다. 조직은 디테일에 의해 움직인다. 스스로 최선이라고 생각하지 않는 프로젝트를 진행하겠다고 사장 앞에 서류를 들고 온 직원에게 어떤 일을 맡길 수 있을까? 아니, 종이 한 장인 그 서류가 회사를 말아먹을지도 모르는데, 아무것도 물어보지 않는 사장이 과연 회사를 운영할 자격이 있는 걸까.

기업경영전략의 성공은
'Why'와 'How'가 좌우한다

● ● ○

자, 이제 좀 더 디테일하게 질문에 대한 이야기를 해볼까 한다. 앞에서 말한 3가지 질문이 아닌, 모든 업무와 관련해 사장을 포함해 전 직원이 꼼꼼하게 따지고(상대와 자기 자신 모두에게) 답을 내린 후 진행해야 하는 문항들이다. 그것은 바로 'Why'와 'How'다. 좋은 질문이 경쟁력을 키운다는 이야기는 앞에서도 여러 번 강조했지만, 이번 장에서는 특히 'Why'와 'How'를 포함하는 질문의 중요성에 대해 이야기하려고 한다.

1. 반드시 세 번 'Why'라고 질문하라

기업을 성공적으로 경영하려면 우선 기업의 목표 및 실행계획에 대한 전사적 의사소통을 위한 합의가 매우 중요하다. 이를 위해 모든 조직원은 업무를 진행할 때 거기에 대해 세 번 이상 'Why'를 질문하고 여기에 대한 답을 얻어야 한다.

왜 이 프로젝트를 꼭 하려고 하는가?

왜 꼭 이 거래처여야 하는가?

왜 내년이 아니라 올해여야 하는가?

왜 A팀이 아니라 B팀에서 이 업무를 진행해야 하는가?

이 외에도 'Why'와 관련한 질문은 얼마든지 있다. 중요한 건 세 번 이상 'Why'를 질문하는 것이다. 가장 먼저 조직원이 보고서를 작성하면서(기획 단계에서부터) 스스로에게, 그리고 다음은 사장이 직원에게 묻는 것이다. 세 번 이상 'Why'를 질문하도록 훈련된 조직은 생각지 못한 실수를 대폭 줄이고 일의 완성도를 높이며 최소의 비용으로 최대의 효과를 내는 경지에까지 이르게 된다. 내가 하고자 하는 일에 대한 당위성을 찾아내는 훈련은 단순히 '합리화'가 아닌 '주체적'이고 '적극적'인 태도로 업무에 임할 수 있게 한다.

2. 'How'라는 질문은 디테일할수록 좋다

왕중추는 훈련되지 않은 조직에게는 'How'라는 디테일이 빠져 있다고 말한다. 모든 일을 '어떻게' 할 것인가 하는 문제는 곧 그 업무의 성패와 직결된다. 이 'How'는 큰 틀에서 볼 때 대략 이런 내용들을 포함한다.

누가 할 것인가?

언제까지 할 것인가?

비용은 얼마나 소요되는가?

How는 결국 방법론이다. 세 번의 Why 질문을 통해 결정된 업무에 대해 누가, 언제까지, 얼마를 들여 실행할 것인지 효율성을 따지는 것이다. 이 질문에 대한 대답은 철저히 숫자화된 디테일한 것이어야 한다. "언제까지 할 것인가?"의 질문에 대한 답이 "올해 안이요."가 되어선 안 된다. "최대한 빨리요."란 대답은 최악 중의 최악이다. 이 질문에는 "10월 31일까지입니다."와 같은 수치화된 대답이 반드시 돌아와야 한다. 또 "어떻게 할 것인가?"에 대해 "열심히 할게요."라고 대답해서도 안 된다. 여기에 대한 답 역시 "2023년 6월 30일까지, 현재 A팀의 매출 10억을 12억으로 올린다."와 같은 수치화된 대답이어야 한다. 숫자로 된 대답은 그 자체로 목표가 되고, 목표를 달성하기 위한 방법론에 대한 고민이 자동적으로 뒤따르게 된다. 이것이 디테일의 힘이다. 좋은 경영을 하고 싶다면, 디테일에 목숨을 걸어야 하는 이유도 여기에 있다.

더불어 'How'라는 질문은 조직문화의 확립에 있어서도 매우 중요하다. 다음과 같은 질문은 조직을 단단하게 만들고, 결국 성장하게 만든다. 이 'How'라는 질문은 사실 회사의 모든 면에서 큰 힘을 발휘한다. 사장을 깨어있게 만들고, 직원들이 고민하게 만들며, 회사 전체의 수준을 끌어올린다. 조직문화와 관련한 'How'가 포함된 질문의 예시는 다음과 같다.

어떻게 회사를 키울 것인가?

어떻게 고객을 즐겁게 할 것인가?

어떻게 경쟁자를 이길 것인가?

어떻게 변화하는 시장 환경에 적응할 것인가?

어떻게 각 기능을 관리해서 조직의 역량을 키울 것인가?

어떻게 전략 목표를 달성해낼 것인가?

어떻게 직원들의 역량을 강화할 것인가?

'Why'와 'How'가 빠진 보고서는 우리의 회사를 갉아먹고 망하게 만드는 보고서다. 만약 당신이 여전히 성장하지 않는 조직원과 늘지 않는 매출로 고민하고 있다면, 오늘부터 당장 질문 습관을 장착하고 모든 조직원에게 훈련하라. 촉이 있는 사장은 좋은 질문을 던지고 좋은 답변을 기다린다. 당신의 조직을 작은 실패를 막고 큰 성공을 이룰 수 있도록 디테일한 질문으로 무장하라. 우리가 흔히 기업의 성공 요소라고 말하는 비전, 열정, 아이디어, 실행력, 업무 능력, 전략 등도 디테일에 의해 성공과 실패가 결정된다는 사실을 잊어선 안 될 것이다.

CHAPTER 4 ●●●

실패한 사람은 용서해도
시간과 기회를 놓친 사람은 용서하지 말라

시간을 미루는 것은 독약을 삼키는 것과 같다

정주영 회장이 생전 가장 많이 했던 말은 이미 너무나 유명해서 모르는 사람이 없을 정도다. "이봐, 해봤어?"

이 짧은 한마디 속에는 그가 회사를 경영하는 철학이 모두 담겨 있다. 새로운 일이 닥쳤을 때 한번 시도해보지도 않고 우물쭈물하는 것을 경계하는 한편, '안 된다.' '못한다.' '안 될 것이다.' 등의 부정적인 생각을 허용하지 않는다는 뜻이기도 하다. 이런 현대의 정신은 조직원들이 실패에 대한 두려움으로 기회를 놓치는 것이 과감하게 도전할 때보다 훨씬 큰 손실을 가져다준다는 걸 확실히 인지하게 했다. 늘 심사숙고하고 모든 일에 열 번 스무 번 다져보고 하는 것도 기업의 문화이며 방향일 수 있지만, 기회를 놓치지 않고 실패를 두려워하지 않는 문화에서 얻을 이점은 생각보다 크다.

실패 공부의 중요성을 인지시켜라

● ● ○

자, 이 질문에 한번 답해보자.

> 설거지를 하다 그릇을 깬 사람을
> 어떻게 할 것인가?

그냥 넘어간다, 호되게 혼낸다, 그릇값을 물게 해 다시는 실수가 나지 않도록 한다… 등 여러 대답이 나올 수 있다. 실수에 대해 책임을 묻는 것도 중요하지만, 그보다 중요한 건 다음에 같은 실수를 반복하지 않도록 만드는 것이다. 이미 깬 그릇을 어찌할 것인가? 대신, 그릇을 깨뜨린 이유를 분석해서 인지하는 게 중요하다. '아, 세제에 문제가 있었구나.' '내가 서 있는 방식에 문제가 있었구나.' '그릇을 들 때 이렇게 드는 것보다 이렇게 드는 게 안전하구나.'…. 한 번 깨달았으면 다음번에는 어지간해서 실수하지 않는다. 그릇을 깬 직원을 칭찬할 수는 없지만 심하게 나무라면 다음부터 설거지대 앞에 서면 일단 두려움부터 앞설 것이다. 다른 일을 맡아서 하면 좋겠다, 내가 잘할 수 있을까, 또 깨면 어쩌지, 이런 생각들이 머릿속을 채우는 순간 업무 성과는 떨어지고 실수를 거듭할 확률은 높아진다.

'실수'와 '실패'를 어떻게 다룰 것인가, 하는 문제는 직원 관리 문제와 직결된다. 일본전산의 나가모리 회장은 칭찬에 인색한 것으로 유명하다. 대신 칭찬을 할 때는 자필로 편지를 적어 감동의 눈물이 흐를 정도로 '찐'하게 칭찬을 했고, 혼을 낼 때는 아주 호되게 했다. 구두로 단호하게 나무란 다음 두 번 다시 거기에 대해 언급하지 않았다. 이것을 '가점주의'라고 한다. 실패는 잊고 잘한 일에 대해서는 계속 칭찬하고 평가한다. 그러면 '혹시 실패해서 가점을 받으면 어쩌지.' 싶은 생각에 새로운 일을 시도하지 않으려는 대신, '실패하더라도 일단 최선을 다해서 해보고 잘되면 성과에 반영하자!'라는 생각으로 과감하게 도전하게 된다. 이것이 전체 조직을 성장시키고 역량을 올린다는 것이다.

하림은 '스피드 경영'을 했다. 하림에서 일을 직면했을 때는 이래서 안 되고, 저래서 안 되고를 따질 시간조차 주어지지 않는다. 빠르게 계획하고 빠르게 실천하는 '빠른 경영'이 김홍국 회장의 철저한 경영 철학이었다. 도전이 빠른 대신 실패도 빠르다. 실패를 빨리하면 공부도 빨리 된다. 중요한 건 일단 해보고, 그다음 결과에 대해 끊임없이 공부하는 것이다. 그러면 다음 실패를 막을 수 있고 조직은 반드시 성장하게 되어있다. 이런 습관이 전 조직원의 몸에 배면 조직원들은 더 이상 실패를 두려워하지 않고 도전하는 것이 자연스럽게 된다. 그리고 실패하지 않기 위한 방법을 스스로 찾게 되고, 한 번의 실패를 두 번 실패로 가져가지 않기 위해 끊임없이 학습하게 된다.

나는 컨설팅을 갔을 때 반드시 사장에게 이런 질문을 던진다.

> 직원이 큰 잘못을 저지르고
> 사표를 냈다. 수리할 것인가?

이 질문에는 의외로 여러 대답이 돌아온다. 다른 직원들에게 실패의 중요성을 인지시키기 위해 "수리한다."라는 답을 내기도 하고, 만약 그 사표를 수리하면 다른 직원들이 어떤 일을 할 때 몸을 사리는 분위기가 형성될 수 있으니 "수리하지 않는다."라고 대답하기도 한다. 여기에 대한 답을 내기 전에 내 사례를 한번 이야기해보겠다.

나는 하림에 있을 때 프랜차이즈 사업을 맡아서 한 적이 있다. 닭고기를 파는 하림이 BBQ처럼 치킨 프랜차이즈를 못 낼 이유가 없었다. 내가 그 일을 맡았고 시장조사도 열심히 했지만, 실제로 프랜차이즈를 해본 경험은 전무했다. 세세한 실패 요인들까지 모두 알지 못하는 상태에서 일단 시도했고 30~40개까지 점포가 늘었지만, 관리가 되지 않아 결국 실패했다. 그 일로 회사는 수십억이 넘는 손실을 보게 되었다. 나는 실패의 책임을 지고 사표를 제출했다.

그러나 내 사표는 수리되지 않았다. 이유는 간단하다. 김홍국 회장은 직원이 이런 실패를 했을 때 웬만해선 사표를 수리하지 않는다. 나처럼 새로운 일을 시도하고 실패를 해본 사람을 '회사의 큰 자산'으로 보기 때문이다. 보통 새로운 프로젝트 혹은 현재 진행하고 있는 어떤 일에 대해 큰 실패나 잘못을 저지를 때 직원은 사표를 내기 마련이다. 이때 사장은 그 직원을 어떤 관점으로 볼 것인가? 이게 중요하다. 그 직원은 이미 실패학습을 통해 다음에는 절대 같은 실수를 하지 않을 역량을 갖춘 셈이다. 만약 그 사람이 나간다면 회사의 자산을 잃는 셈이다. 누군가는 똑같은 실수를 하게 되어있고, 처음 하는 일이라면 더욱 그럴 것이다. 그래서 '실패학습'을 한 사람의 역량을 더 높이 산다. 더불어 실패했다고 다 내보낸다면 일은 누가 할 것인가? 오히려 즉각 도전해봐야 할 일을 하지 않아 시간과 기회를 놓치는 사람을 더 나쁜 사람, 그 사람이야말로 사표를 내야 할 사람으로 여기는 것이다.

왜 시간과 기회를 놓치게 만드는가?

● ● ●

조직에서 사람을 관리하는 일에 있어 가장 중요한 건 시간과 기회를 관리하는 일과 연결시키는 것이다. 시간을 낭비하거나 기회를 낭비하는 사업가는 성공할 수 없다. 모든 사업이나 의사결정에는 타이밍이라는 게 있기 때문이다. 그걸 놓치면 사업에 성공하기 어렵다.

그렇다면 경영에 있어 시간과 기회를 놓치는 이유는 무엇일까? 이때 시간과 경영은 단순히 판매에 대해서가 아니라 그 회사에서 일어나는 모든 프로젝트를 이야기한다. 신제품 개발, 조직의 혁신, 수출의 기회 등 모든 업무에 대해서 똑같다. 시스템 개혁, 학습, 직원 개발 등 모든 면에 있어서 타이밍, 기회가 중요한 걸 알면서도 놓치는 이유는 무엇인가? 바로 사장과 직원, 즉 조직의 역량이 준비되어 있지 않기 때문이다. 이때 준비는 '모든 걸 잘 알고 있어야 한다'는 뜻이 아니다. 시간과 기회의 중요성을 인식하고 그 기회를 잡을 수 있는 역량이 갖춰져 있는가, 이게 중요하다. 앞에서 말한 실패학습에 익숙한 직원들은 새로운 일에 도전하는 일을 두려워하지 않는다. 대부분 기회와 타이밍은 새로운 일에 도전하려 하지 않을 때 날아간다.

하림은 '실패한 사람은 용서해도 시간과 기회를 놓친 사람은 용서하지 않는다.'가 사람 관리의 핵심이었다. 실제로 실패한 사람을 내보내는 일은 거의 없었다. 무조건 도전하는 분위기, 실패를 하더라도 빨리 수습하고 공부해서 앞으로 나아가는 것이 조직 전반의 분위기였다.

그래서 아이디어 회의를 하고 나면 거기서 채택된 것을 실행하기까지 시간이 길지 않았다. 너무 심사숙고하느라 아이디어 차원에서 머물러 실행이 되지 않는 것을 오히려 경계했다. '고민은 깊게 하되 행동은 즉각적으로 하자.' '결정이 나면 행동은 즉시 하자.' 사장은 물론 모든 임원부터 신입사원까지 이 생각을 인지하고 어떤 일이든 바로바로 실행으로 옮겼다. 당시, 마케팅을 총괄했던 나도 요즘 이야기하는 '애자일 마케팅(Agile Marketing)'을 실행했다. 즉, 트렌드를 빨리 캐치하고 변화하는 시장보다 더 빠른 속도로 시장에 반응하기 위해 노력한 것이다. 전통적인 방법에 머물러 있으며 장고 끝에 악수를 두기보다는, 변화하는 시장에 맞춰 민첩하게 대응하면서 시장을 장악해 나갔다. 그 과정에 실패가 있을 수 있지만, 빨리 수습하고 학습하여 다음 단계에 반영하면 결과는 훨씬 좋은 쪽으로 나오는 경우가 더 많았다.

컨설팅을 할 때 사장들에게 물어본다. 시간과 기회를 놓치는 것이 누구의 잘못이라고 생각하는가? 깊이 생각할 필요가 없다. 그 잘못은 사장에게 있다. 조직원들이 실패를 두려워하지 않고 새로운 일에 빨리빨리 도전할 수 있는 용기를 갖는 것. 조직원들이 누가 시키지 않아도 스스로 도전하고 학습하여 다음 도전에서 성공하게 만드는 것. 그리하여 절대 기회와 타이밍을 놓치지 않는 것. 이 모든 역량은 바로 사장의 조직관리 방향성에서 나오기 때문이다.

1989년 창립 이후 500억 매출을 하던 하림이 2020년 매출

10조 이상, 50개 이상의 계열사를 만들고 재계 순위 20위 안에 들게 된 비결은 무엇일까? 바로 '실천'에 있었다. 여기에는 반드시 한 가지 글자가 더 붙는다. 바로 '빠른' 실천이다.

직원들의 입에서 "못하겠는데요." "안 해봤는데요." "제가 할 수 있을까요?" "지금 꼭 해야 하나요. 준비해서 나중에 해도 되지 않을까요?"라는 말이 나오지 않게 해라. 설거지를 하다 깬 그릇보다 실패학습으로 무장한 직원을 잃는 것이 회사에 더 막대한 손실이라는 사실을 잊지 말자.

모든 사업은 '관리'로 완성된다고 했다. 관리에 있어 '실패 관리' 또한 커다란 영역 중 하나다. 실패를 성공의 비결로 만들기 위해서는 학습이 따라주면 된다. 도전하고 실패했다면 그것으로부터 반드시 학습하게 하고 그 학습이 자산이 되게 하라. 사장은 한 번에 성공한 사람을 칭찬하기보다 한 번 실패하고 두 번, 세 번째 성공한 사람을 더 크게 칭찬하라. 실패를 극복하고 성공해 용기를 얻은 사람은 시간과 기회의 중요성을 절감하고 훨씬 더 역량 있는 사람으로 성장한다. 그 사람이 바로 나중에 회사의 큰 성공 자산이 된다는 걸 잊어선 안 된다.

CHAPTER 5

문무를 겸비한 리더가 되어라

**삼류 리더는 자기 능력을 사용하고, 이류 리더는 남의 힘을 이용하고,
일류 리더는 남의 지혜를 사용한다**

회사를 창립한 지 얼마나 되었는지와 관계없이, 나는 컨설팅을
할 때 사장들에게 2가지 질문을 하게 된다.

"당신이 생각하는 리더의 자질이란 무엇입니까?"
"현장과 실무에 강한 리더와 이론에 강한 리더 중 어떤 리더가
더 경영에 적합하다고 생각합니까?"

우선, 첫 번째 질문에는 다양한 대답이 나온다. 사람을 중요시해
야 한다, 기준이 확실해야 한다, 실패에 관대하고 성공에 보수적
이어야 한다, 긍정적인 마인드로 포기하지 않고 열정적으로 나아
가야 한다, 큰 목표를 세우고 이를 위한 실천 전략을 잘 세워야 한

다… 다 맞는 말이다. 그러나 이 많은 리더의 자질 중 단 몇 가지만이라도 제대로 몸에 밴 채 실천하는 경우는 잘 없다. 대부분 '그때그때 리더십'을 실천한다. 그 순간 그 상황에 맞는 리더십을 실행하는 것이다. 같은 실수를 했는데 어떨 때는 단호하게 혼내고 어떨때는 관대하게 넘어간다. 기준을 중요하게 여기지만 그 기준과 원칙을 처음 정한 대로 고수한다. 회사의 규모도 변하고 업무의 내용도 변하고 트렌드도 변하는데 기준과 원칙을 처음 그대로 하니 조직이 성장할 리 없다. 목표 역시 마찬가지다. 큰 목표를 세운다고했는데 그 '크다'와 '작다'는 어떻게 결정하는가? 회사는 콧구멍만한데 매출 목표만 크게 잡는다고 큰 목표를 잡는 것인가?

리더십에 관련한 좋은 책은 정말 많이 나와 있다. 그리고 해마다회사에서는 그 책들 중 좋은 책을 선별해 읽히고 또 읽힌다. 그러나 사장을 포함 임원과 관리자들, 즉 리더의 역할을 해야 하는 모든 조직원들이 그 책의 DNA를 그대로 받아 실행으로 옮기는 경우는 드물다. 리더십은 그만큼 어려운 주제다. 리더가 고독한 진실의방에 앉아 고민하고 또 고민해도, 막상 직원들 앞에 서고 일 앞에닥치면 수시로 변한다. 멋진 리더, 회사를 성장시키는 리더, 존경받진 못해도 인정받는 리더가 되고 싶지만 가도 가도 그 길은 멀기만한다. 그만큼 리더의 길은 어렵다는 뜻이다.

현장에 강한 리더가 나은가, 이론에 강한 리더가 나은가, 하는 문제도 마찬가지다. 여기에 대해서 곧바로 답할 수 있는 리더는 잘 없었다. 현장에 강한 리더는 회사가 커질수록 한계에 부딪히고 시간을 효율적으로 운영할 수 없게 된다. 이론에만 강한 리더는 직원들과 동상이몽하기 십상이다. 실제 현장이 어떻게 돌아가는지 경험해보지 못한 채 계산기만 두드리기 때문이다.

문무를 겸비하면 못 이길 싸움이 없다

● ● ●

하림은 문무를 모두 겸비한 리더가 되어야 한다고 강조했다. 사장은 물론 임원, 중간관리자, 그리고 미래에 리더가 되어야 할 모든 조직원이 현장과 이론을 모두 알고 있어야 한다는 것이다. 사장은 책만 보고 앉아서 계산기만 두드리고 있어서도 안 되고, 현장에서 발로 뛰면서 실무에만 집중해서도 안 된다. 먼저, 현장을 제대로 알면서 동시에 끊임없이 학습해야 한다. 그리고 회사의 모든 조직원이 문무를 겸비한 아바타들로 성장할 수 있도록 시스템을 만들어야 한다.

다음 2가지는 내가 하림에서 직접 경험했던 내용을 바탕으로 '문무를 갖춘' 리더가 되기 위한 방법을 정리한 것이다. 앞에서 말한 대로 문무가 겸비된 리더는 못 이길 싸움이 없다. 직원을 관리할 때도 현장의 내용을 잘 알고 있기 때문에 "알지도 못하면서 저러시네."라는 직원의 불만을 없앨 수 있다(보통 이러한 동상이몽에서 조직이 와해되는 경우가 많다). 또한 공부하는 리더는 조직을 끝없이 성장시킨다. 한계가 오면 그 한계를 극복할 방법을 바로 찾는다. 성공은 단계별로 온다. 그 단계마다 '직감'으로 뛰어넘을 수는 없다. 철저한 이론으로 준비되어 있어야 한다.

첫째, 현장에 강한 리더가 되어라

하림에 있을 당시 모든 임원들은 현장 공부를 따로 하게 했다. "현장을 모르면 임원 될 자격이 없다."라는 게 김홍국 회장의 철칙이었다. 당시 하림의 현장은 사육, 사료, 도계(생산), 육가공, 백화점 등의 유통 판매현장이었다. 현장을 알게 하기 위해서 60세가 넘는 임원들이 앞치마를 입고 하림 제품이 들어간 백화점 매장에서 직접 시식 판매를 했다. 사장부터 시작해 인사 상무, 마케팅 상무, 부사장… 어느 부서든 상관없었다. 우리 제품이 백화점에서 어떻게 팔리고 있는지 알아야 데스크에 돌아와서도 제대로 일할 수 있다는 지론이었다. 이뿐이 아니었다. 공장에 있는 생산 아줌마들도 하루 시간을 빼서 백화점에 보냈다. 내가 만드는 제품이 이렇게 팔리고 있구나, 눈으로 보게 한 것이다. 반대로 백화점에서 판매하는 판촉사원 600명 이상을 공장에 투입시켜 현장경험을 하게 했다. 내가 파는 제품이 이렇게 만들어지는구나, 눈으로 보게 해서 크로스 학습을 시킨 것이다. 서로 다른 조직을 이해하고 존중하며, 현장을 알게 하기 위함이었다.

신입이 들어오면 의무적으로 양계장에 보냈다. 닭똥도 치워보고 닭을 손으로 잡아 틀어도 보고. 공장에 들어와 칼로 조각도 내보고 백화점 가서 앞치마 두르고 팔아도 보게 한다. 3개월을 이렇게 현장을 학습한 다음 본업으로 돌아온다. 마케팅, 현장, 영업을 경험한 다음 돌아오니 눈이 환해져서 업무에 대한 이해도도 높아진다. 그런 인재들이 키워져 관리자가 되고 임원이 되고 사장이 되니, 어떤 일이든 백전백승할 수밖에 없다.

둘째, 공부하는 리더가 되어라

리더의 첫 번째 자격은 '실력'이다. 실력을 갖추려면 끊임없이 공부해야 한다. 조직에서 리더가 되는 건 결국 나이, 학벌, 성과와는 상관이 없다. 학습에서 문을 가지고 현장의 무를 가지면 문무겸장을 가진 리더가 되는 거다. 하림은 그런 인재를 키우기 위해 마케팅 스쿨을 운영했다. 전북대학교 경영학과 교수 15명과 계약을 해서 임원의 역량을 높이기 위해 매주 한 번씩 아침 7~8시까지 경영학 공부를 하게 한 것이다. 하림에서 일하려면 맷집이 있어야 한다. 맷집이 없으면 버텨내질 못하기 때문이다. 성공기업들을 보면 다 이처럼 리더를 양성하기 위한 학습 전략이 숨어있다. 삼성카드는 사장이 6시에 출근하는 것으로 유명하다. 성공하는 기업은 겉으로는 몰라도 물속을 들여다보면 백조가 끝없이 발을 젓고 있다. 그 노력은 모르고 물 위에 떠 있는 우아한 모습만 보고 "우와, 우아하다!"라고 한다. 그러나 물밑의 과정은 치열하다. 오늘날의 현대, 삼성이 그냥 있는 게 아니다. 하림도 마찬가지다.

이끌든지, 따르든지, 비키든지

● ● ●

나는 이 책을 구성하면서 중소기업을 경영하고 있는(혹은 막 창립했거나 창립을 준비하고 있는) 모든 사장들이 순서대로 읽어나가면서 그대로 실행에 옮길 수 있도록 하기 위해 노력했다. 나보다 훌륭한 경영의 대가들은 얼마든지 있고, 따라서 경영과 관련한 좋은 내용을 담은 책도 많다. 그럼에도 불구하고 내가 또 한 권 더 경영에 관련한 책을 엮는 이유는 크게 3가지다. 하나는 동물적 감각으로 회사를 차렸지만 감에만 의존했지 성공적으로 회사를 경영하는 방법에 대해 전무했던 이들의 머리를 트이게 해주기 위함이고, 둘째는 철저하게 중소기업의 사장들이 안고 있는 가장 현실적인 고민을 해결해주기 위함이며, 마지막 하나는 중소기업의 창립과 성장 과정에서 일어날 수 있는 실패를 최소화하기 위함이다. 그래서 골치 아프게 이 챕터, 저 챕터를 찾아볼 필요 없이 순서대로 읽으면서 자신의 경영 상태를 점검하고 반영하거나 혹은 창업을 준비할 수 있도록 했다.

그 첫 번째가 경영에 대한 것이다. 사장은 조직의 문화를 결정하고 시스템을 구축하며, 실패를 관리하고 기회를 잡는다. 그리고 이제 어떤 리더가 될 것인가 고민해야 한다. 리더십을 구축하는 것은 곧 사장의 아바타가 될 임원 및 기타 관리자들의 리더십을 어떻게 구축할 것인가와 직결된다. 지금 내가 '아바타'라는 중요한 단어를 언급했는데, 이와 관련된 것은 다음 장인 '사람' 부분에서 별도로 다뤄줄 것이다. 이번 장에서는 여러 리더십 중에서도 중소기업 사장이 갖춰야 할 리더십에 대해서 간단하고 명료하게 정리해볼 것이다. 한마디로 정리하면 '이끌지 않을 거면 따르고, 따르지 않을 거면 비키는' 것이 리더다. 가장 좋은 리더는 이끄는 리더다. 제대로 이끌지 못하면 임원과 직원들에게 휘둘리고 상황에 휘둘리며 따라간다. 능력 있는 직원을 두지 못할뿐더러 둔다 하더라도 제대로 자존심에 제대로 따르지 못하고, 그러면 비키기라도 해야 하는데 버티고 서서 방해만 된다. 리더의 자리는 어렵고 리더의 역할은 복잡하지만, 리더가 되려면 피할 수 없다. 지금부터 정리하는 내용은 업종과 관계없이 중소기업 사장이라면 누구나 이해하고 실행해야 할 '리더는 누구인가?'에 대한 답이다. 반드시 숙지하고 실행하도록 하자.

1. 리더는 열정을 분배하는 사람이다

하나 마나 한 말인 것 같지만 이것이 1번인 데는 이유가 있다. 살아 움직이는 조직의 특징은 리더가 열정의 아이콘인 경우가 대부분이다. 하림의 김홍국 회장은 당장 매출은 1등이 아니어도 열정은 1등이어야 한다고 강조했다. 리더의 이런 모습은 반드시 조직원에게 영향을 미친다. 리더가 한 번이라도 '대충' 그냥 넘어가거나, '흐지부지'한 모습을 보이면 고스란히 조직원에게 영향이 간다. 계획을 정해 놓고도 뜨뜻미지근하거나 실행에 집착하지 않는다면 조직원들 또한 점점 그렇게 변해간다. 사장을 제외한 다른 리더들도 똑같이 학습되는 건 물론이다.

열정은 타고나는 게 아니다. 더불어 학습되기도 힘들다. 나는 사업을 통해 성공하겠다는 열망과 타오르는 가슴이 없는 상태에서 사업을 시작했다면, 진지하게 재검토해보라고 말한다. 일을 즐기고 성공의 과정을 즐길 수 없다면 그 사장은 실패의 순간이 올 때 곧바로 포기해버리고 말 것이다. 사업은 실패의 연속이다. 열정이 있는 리더만이 그 순간을 이겨낼 수 있다.

2. 리더는 희망을 분배하는 사람이다

컨설팅을 하러 가면 사장하고만 이야기를 나누는 게 아니다. 직원이나 중간관리자들과도 많은 이야기를 나누게 되는데, 그때마다 나는 툭- 하고 이런 질문을 던진다.

"이 회사 안 그만두고 계속 다니는 이유가 뭐예요?"

그러면 여러 답이 나오는데 "딴 데보다 월급을 많이 줘요." "사장이 성격이 좋아요. 깐깐하지도 않고요." "일이 쉬운 편이에요." 등의 대답이 나오는 경우 그 회사의 미래는 어둡다. 혹시 우리 회사의 직원이 이런 대답을 할까 봐 겁나지 않은가? 생각보다 이렇게 대답하는 경우는 많다. 그러나 생각해보라. 이 대답을 한 직원들은 월급을 더 많이 주는 회사에서 제안이 온다면 떠날 것이고, 사장이 조금이라도 불편하게 하면 불만을 가질 것이고, 어려운 일은 맡지 않으려 할 것이다.

대신 "이 회사에서 꼭 성공할 거예요."라고 대답하는 회사를 만날 때가 있다. 어떤가? 길게 설명하지 않아도 알 것이다. 그 회사의 리더는 열정으로 가득하며, 회사의 성공을 반드시 이룰 것이고 그것을 공유하고 함께 앞으로 나아갈 것임을 여러 번 강조했을 것이다. 당신은 어떤 식으로 희망을 분배하고 있는가? 음식이 없이 40일을 버티고, 물이 없이 4일을 버티지만 희망이 없으면 4분도 버티지 못하는 것이 인간이다. 우리 회사에 온 직원들이 단순히 생계를 유지하기 위해 왔다고 생각하지 말라. 그들의 성공 욕구를 반드시 회사에서 함께 이룰 수 있게 유도하며, 희망이 없다면 이 회사를 통해 꿈을 꿀 수 있게 이끌어라. 그리고 이를 위해서는 사장이 먼저 자신의 희망이 무엇인지 체크해야 한다.

3. 리더는 디테일에 목숨을 거는 사람이다

이 이야기는 앞에서도 여러 번 이야기했다. 리더의 요건 중 가장 중요한 것이 디테일이다. 큰 꿈을 이루는 건 디테일한 실행전략과 디테일한 관리다. 사장을 비롯한 모든 리더는 모든 업무를 구석구석까지 점검하고 또 점검하고, 다른 사람이 소홀히 하는 것을 먼저 챙기고 리스크를 줄인다. 그리고 질문한다. 모든 일을 시작하기 전에 'Why'라고 세 번 질문하며, 반드시 'How'를 점검하는 과정을 거친다.

리더는 '군림'하기 위해 그 자리에 존재하는 것이 아니다. 조직원의 작은 부분까지 챙기는 것이 리더다. 나의 경우, 직원들의 생일이나 아이들의 이름까지 기억해서 챙긴다. 이는 배려임과 동시에 관계의 리더십이다. 지위, 존경, 성과가 아닌 서로의 관계에 의한 리더십인 것이다. 이 사소한 리더십의 실행은 조직을 더욱 끈끈하게 만들고, 회사에 대한 끊임없는 관심으로 디테일에 강한 리더를 만들어낸다.

4. 리더는 아바타를 키우는 사람이다

여기서 아바타란 나와 똑같은 복제 인간을 의미한다. 영화 〈아바타〉에서 비롯된 말이다. 아바타와 관련해서는 뒤에서 좀 더 자세히 설명할 것이다. 간단히 짚자면 내가 없어도 돌아갈 정도로 나와 똑같이 일하는 아바타를 많이 키울 때 회사는 더 성공에 가까워진다. 사장처럼 생각하고 사장처럼 고민하며 사장과 같이 실행하고자 하는 사람이 많은데 어떻게 그 회사가 실패할 수 있을까? 단, 사장이 성공에 대한 열정으로 똘똘 뭉쳐 제대로 된 방향을 제시하고 있다면 말이다. 열정과 희망을 분배하고 매사에 디테일한 경영을 하고 있다면 그런 아바타는 많을수록 좋다.

5. 리더는 인기 스타가 아니다

가끔 인기에 목숨을 거는 리더를 볼 때가 있다. 벌보다 상을 후하게 주고, 자신이 성격 좋은 리더임을 강조한다. 따뜻한 리더, 온정의 리더십을 강조하면서 직원들과 '가족' 의식을 공유하기 위해 노력한다. 그러나 이런 리더들이 매출이 하락했을 때 제대로 대처하는 것을 본 적은 별로 없다. 말 그대로 리더는 인기스타가 아니다. 리더의 생각은 항상 소비자, 원가, 목표, 조직관리에 가 있어야 한다. 온정도, 가족주의도 시스템 속에서 실행되고 완성되도록 해야 한다.

기억하라. 리더는 항상 비판받기 마련이다. 대부분이 리더를 좋아하지 않는다. 이 사실을 명심하라. 잘하는 것에 대한 칭찬보다 못하는 데 대한 비판이 훨씬 많이 돌아온다. 사장인 당신은 이미 외로운 길을 선택했다. 그 길을 즐길 준비가 되어있어야 하며, 내가 아닌 다른 누군가가 인기 스타가 된다 해도 절대 부러워하거나 시기 질투하여 그를 놓치는 어리석은 일을 저질러서는 안 된다('설마' 하는 이런 일들은 지금 이 순간에도 비일비재하게 일어나고 있다).

6. 리더는 문과 무를 모두 겸비한 사람이다

바로 뒤에서 이에 대한 설명을 덧붙이겠지만, 여기서 간단히 설명하자면 리더는 문과 무를 모두 겸비해야 한다. 사장은 특히 더 그렇다. 사장이기 때문에 이론을 바탕으로 직원들을 현장에 파견시킨 후 잘 관리만 하면 된다? 그런 건 없다. 회사가 커진 후에는 모든 걸 다 할 수 없겠지만, 적어도 '어떤' 일인지는 직접 경험해보고 반드시 다 알고 있어야 한다. 그래야 개선점이 보이고 시스템에 적용할 수 있다.

반대로 현장만 중요시하는 리더도 문제가 된다. 실무를 보는 데만 급급한 리더는 회사가 커졌을 때 관리가 힘들어진다. 리더는 반드시 학습을 중요시하고 끝없이 성장해야 한다. 리더가 성장하는 만큼 조직원도 성장하고 조직 자체도 성장한다. 이론을 알고 적용하는 동시에 현장을 관리해야 한다. 실무가 어떻게 돌아가는지 아는 리더는 살아있는 경영을 할 수 있게 된다.

7. 리더는 디지털에 강한 사람이다

알라딘 램프 이야기를 모르는 사람은 없을 것이다. 오늘을 사는 사람에게 램프의 요정 지니는 바로 디지털 기기다. 특히, 스마트폰은 리더의 시간을 대폭 절약해준다. 나는 강의를 할 때마다 중소기업 사장들은 디지털에 강해야 한다고 강조한다. 젊은 사장들은 디지털 기기에 강하다. 스마트폰부터 줌 등의 온라인 서비스 이용, 다양한 플랫폼을 활용한 업무 실행, 다양한 루트를 이용한 정보 입수 등 손가락 터치 몇 번으로도 다양한 업무가 가능하다. 그것을 낯설어하거나 활용을 제대로 못 한다면 보물을 썩히는 것과 같다. 이제는 농사도 디지털을 이용해서 하는 시대가 되었다. 로봇을 사용하고, 새로운 기기에 대한 정보 또한 바로바로 입수한다. 모든 산업 분야에 디지털이 빠질 수 없게 된 것이다. 종종 아직도 모바일 뱅킹을 쓰지 않고 직접 은행에 가거나, 전화로 일일이 해결하는 경우를 본다. 그 리더에게는 자극이 필요하다. 자신이 디지털에 강해야 직원들 또한 디지털에 능하게 되며, 경영이 소프트하게 돌아간다. 디지털에 강한 리더는 모든 세대와 대화가 통하며, 정보 면에서도 앞서간다.

리더에게도 레벨이 있다. 〈한비자〉에 그런 말이 나온다. 삼류 리더는 자기 능력을 사용하고, 이류 리더는 남의 힘을 이용하고, 일류 리더는 남의 지혜를 사용한다. 자신의 능력만을 사용하는 삼류는 조직원들을 학습시키고 아바타로 만들어 자신의 일을 대신하게 만들지 않는다. 조직원들은 그냥 자신의 손발만으로 키우고 모든 일을 자기 능력 안에서 돌아가게 만든다. 그런 조직이 성장할 리 없다. 이류는 남의 힘만을 이용한다. 자신의 능력을 갖추지 못하고 남에게 맡기거나, 지혜의 중요성을 알지 못한다. 일류 리더는 끝없이 학습한다. 독서를 통해 지혜로운 이들의 DNA를 가져와 자신의 것으로 만들고, 자신의 조직 또한 학습으로 단련한다.

　모든 사장이 성공을 꿈꾸며 사업을 시작하지만, 그 성공의 길은 낙타가 바늘구멍에 들어가는 것만큼 힘들다. 그러나 중요한 건 누군가는 그 안으로 들어간다는 사실이다. 살아남는 기업, 살아남아서 결국 성공을 거머쥐는 기업, 나아가 전설을 이루는 기업이 되려면 먼저 리더가 자격을 갖추고 끝없이 학습하는 조직으로 만들어야 한다. 마치 부모의 등을 보고 자라는 아이들처럼 조직원은 리더의 모습을 보고 학습된다. 지금 나의 모습이 곧 미래의 내 조직의 모습이라면, 어떤 리더가 될 것인가.

CHAPTER 6

어떻게 결정할 것인가

경영의 3가지 시나리오와 KT 의사결정 프로세스

사장의 머릿속에는 항상 사업계획에 대한 3가지 시나리오가 있어야 한다. 거기에 따라 자금, 인력, 사업확장, 축소 등의 유형에 대한 계획이 만들어진다. 모든 회사가 10~11월이면 사업계획서를 짠다. 물론, 그 계획서가 그대로 실행되는 경우는 거의 없다. 계획이 실행되어 목표가 달성되도록 최선을 다한다면 그나마 다행이다. 부서마다 사업계획서를 발표하고 나면 책상 밑에 들어가 버리고 그 이후로 안 나오는 경우가 수두룩하다. 사업계획서라는 건 사장에게 연말에 보고하기 위해 쓰는 경우가 허다하다. 대기업일수록 그렇고 중소기업도 그런 경우가 비일비재하다. 보고 위주의 계획서가 쓰이고, 발표 후엔 땡이라는 뜻이다.

사장이 관리자들에게 사업계획서 실행이 어떻게 되어가냐고 물으면 "다음 달엔 잘 될 거예요."라고 대답한다. 실적이 잘 안 나와서 "어떻게 된 거냐, 어쩔 것이냐."라고 물으면 "1/4분기엔 잘 안 됐으니 2/4분기엔 잘 될 거예요."라고 말한다. 그리고 상반기에 실패하면 하반기엔 잘 될 거라고 한다. 11월쯤 되어 물어보면 "내년엔 잘 될 겁니다."라고 대답한다. 이쯤 되면 생각이 들 것이다. 그러면 사업계획서는 왜 필요한가? 어떻게 써야 실행되는가?

경영의 3가지 If 시나리오

● ● ●

사업계획서는 쓰는 것보다 매월 진척상황을 체크하는 게 더 중요하다. 물론, 이 체크는 시스템으로 관리되어야 한다. 1년 사업계획서가 고스란히 그해 끝까지 가는 건 바보 같은 일이다. 사업계획은 상황에 따라 계속 바뀌어야 한다. 대기업은 워낙 정교하게 짜기 때문에 바뀌는 경우가 잘 없다. 그러나 중소기업은 다르다. 1년 계획을 짰다 하더라도 필요에 따라 수정해야 한다. 수정을 하려면 계획서를 계속 점검하고, 보고받는 과정이 중요하다. 그리고 사장은 애초에 사업계획서를 쓸 때 다음에 설명하는 [If 경영 시나리오]를 가지고 있어야 한다. 그리고 변화하는 상황에 따라 이 시나리오를 바탕으로 수정에 대응할 수 있어야 한다. 훈련된 조직은 3가지 시나리오에 의해 계획을 시뮬레이션하고, 수정하며 나아가지만 훈련되지 않으면 절대 할 수 없다.

그렇다면 3가지 [If 경영 시나리오]란 무엇일까?

1. 정상 시나리오

회사는 매해 올해와 내년을 전망하면서 사업계획을 짠다. 현재의 상황과 추세를 그대로 반영하여 작성한 시나리오가 정상 시나리오다.

2. 낙관 시나리오

우리가 세운 계획이 환경적 요인에 의해 초과 달성되거나 예상보다 훨씬 매출이 높아지는 경우. 좋은 기회가 많이 생기고 타이밍적으로 회사의 계획이 잘 맞아떨어졌다고 가정해보자. 그런 시나리오가 필요한 것은 계획을 수정하여 다음 단계로 가야 하기 때문이다. 올해 100억이 목표였는데 여러 이유로 상반기에 150억을 달성했다면 하반기는 놀 것인가? 낙관 시나리오는 경영환경의 요소가 우리 회사에 유리하게 변화되는 상황을 예측한 시나리오라고 볼 수 있다.

3. 비관 시나리오

마지막으로 비관적인 시나리오다. 말 그대로 올해의 사업계획이 실행될 수 없는 다양한 변수들을 미리 예측해보는 것이다. 환율이 내리면 어떻게 될까? 정부가 바뀌어 우리 사업과 관련된 이러한 정책들이 바뀌면 어떻게 될까? 대기업은 이미 이런 예측들을 다 감안해 사업계획을 짜지만 중소기업은 그러기 쉽지 않다. 그러나 사장은 알고 있어야 한다. 모든 환경적 요소가 우리 회사에 불리하게 전개된다면 어떻게 할 것인지 대비책을 가지고 있어야 한다.

사장은 이 3가지 [If 경영 시나리오]를 모두 가지고 한 해를 출발해야 한다. 그리고 유연한 사고를 바탕으로 계획을 수정할 수 있는 준비가 되어있어야 한다. 중소기업 사장이 이러한 시나리오를 가지고 있는 것과 없는 것은 결과가 나오지 않아도 승패를 알 수 있다고 말할 정도로 큰 차이를 만든다.

KT 의사결정 프로세스

● ● ○

사장들이 경영에 있어 가장 힘들어하는 것 중 하나가 바로 의사결정이다. 조직문화가 결정되고 시스템이 갖추어지고 리더십 공부도 되어가지만, 여전히 의사결정은 힘들다. 사장의 잘못된 결정이 회사를 크게 흔들기도 하고 또 엄청난 기회를 가져오기도 하기 때문이다. 사장의 결정은 오롯이 사장의 책임이다. 그 무게감을 견디는 것이 사장의 자질이다.

의사결정을 잘하기 위해서는 효율적인 단계가 필요하다. 대기업에서나, 중소기업에서나, 어떤 기업이든 해마다 경영목표를 수립하고, 거기에 따른 경영전략을 수립하여 발표하고 추진한다. 그런데 연말 혹은 연초에 수립했던 경영 전략이 시간이 갈수록 변형되고 수정되고 심지어는 전면 취소되기도 한다. 중소기업들의 사업계획서를 살펴보면 많은 사업계획이 실현 불가능한 목표이거나, 사업계획이 디테일하지 못하거나, 사업계획을 실천하기 위한 뚜렷한 트리거가 없고, 가장 중요한 액션플랜이 빠져 있다. 모든 사업계획은 당연히 목표와 목적도 있어야 하지만. 이 사업(혹은 프로젝트)을 왜 하려고 하는지, 그리고 하면 어떤 결과가 나오는지, 그 사업을 하기 위한 실행방법(Action Plan)은 무엇인지, 그 액션 플랜은 어느 정도 정교한지, 타임 스케줄은 되어있는지, 그리고 그 사업은 누구 책임으로 언제까지 할 것인지가 아주 자세하게 나와 있어야 한다. 마지막으로 하려고 하는 사업전략과 방향이 가장 좋은 방향인지까지 최종 시뮬레이션을 해봐야 한다. 그런 다음 의사결정을 해야 한다. 의사결정이라는 것은 최종 단계의 결정만을 의미하지 않는다. 이 모든 단계를 포함한다.

지금부터 내가 소개할 KT 의사결정 프로세스는 하림에서는 교재까지 만들어 전 직원에게 교육시킨 것으로, 미국 나사(NASA)에서 가장 먼저 도입한 프로세스다. 나사는 우주개발 경쟁에서 당시 소련에 뒤처졌던 원인을 찾아내어 소련과의 우주개발 경쟁에서 이기기 위해 KT 의사결정 프로세스를 도입했다. 결과적으로 이 방법을 통해 문제의 원인을 찾아내어 분석하고 효율적인 의사결정을 한 나사는 결국 1969년에 아폴로11호를 달에 착륙시킴으로써 소련과의 우주개발 경쟁에서 승리하게 되었다.

그 의사결정의 순서는 총 6단계로 다음과 같다.

KT 의사결정 프로세스 6단계

1. SA(상황파악, Situation Analysis) : 문제의 종류를 파악한다.
2. PA(문제분석, Problem Analysis) : 문제의 원인을 찾아낸다.
3. DA(결정분석, Decision Analysis) : 의사결정을 한다.
4. PPA(잠재문제 분석, Potential Problem Analysis) : 잠재문제를 분석한다.
5. AP(액션플랜, Action plan) : 최종의사결정을 행동으로 전환한다.
6. Feed-back을 필수적으로 시행한다.

위 과정이 어떻게 진행되는지 이해를 돕기 위해 한 예를 들어보자. 코로나가 발생했다. 그러면 1단계 SA, 상황을 파악한다. 코로나? 새로운 바이러스네. 이게 바이러스인가? 감기인가? 어떻게 된 거지? 어디서 온 거지? 다음으로 2단계 PA, 문제를 분석한다. 이 문제의 원인은 바이러스. 이를 해결할 방법은 백신을 맞는 방법

과 안 맞는 방법, 2가지뿐이다. 어떻게 할 것인가? 3단계 DA, 결정 분석을 한다. 백신을 맞을 때 효과는 98%, 부작용은 2%다. 4단계 PPA, 잠재문제를 분석한다. 2%의 부작용으로 A, B, C, D와 같은 증상이 나타날 수 있다. 그럴 때는 병원에 가서 이러이러한 조치를 취해야 한다. 5단계 AP, 백신을 맞는다. 6단계, 백신을 맞은 후 상태를 계속 점검한다.

　이 프로그램을 교육하는 데는 1인당 250만 원이라는 (당시에는) 큰돈이 들었는데도, 하림은 70명 리더에게 이 교육을 필수적으로 시켰다. 이런 교육을 하고 나면 조직에서 쓰는 언어가 통일된다. SA, PA 이런 단어들을 누구는 알고 누구는 모르면 회의 때 원활한 소통이 되지 않는다. 부장급 이상 간부들은 모두 이 교육을 받아야 했고, (엄청난 강도로) 철저하게 교육이 된 그들이 사내 강사가 되어 다시 직원들에게 교육을 시켰다. 그중 한 사람이 나였다. 이 프로세스를 완전히 숙지하고 교재를 만들어 전 직원에게 교육한 것이다. 그러면 교육을 받은 조직원이 이 언어들을 이해했고, 그 후에 받은 모든 지시는 KT 프로세스에 의해 제출하도록 했다. 직원들의 실력이 높아졌음은 물론이다. 그전까지만 해도 보고에 기승전결이 없었다. 그런데 이 교육을 한 후부터는 보고 내용이 달라지고, 보고의 질이 달라졌다.

　더불어 이 프로세스는 아주 작은 것부터 큰 것까지 모든 업무에 반영이 가능하다. 사장은 물론, 모든 리더가 의사결정에 이 프로세스를 반영하면 결정의 속도가 빨라지고 리스크가 줄어든다. 실제로 이 프로세스는 60~70년대에 생겼는데, 대기업들은 80년대 도입했다. 하림은 90년대에 도입했는데, 다른 회사보다 늦은 감이 있었지만 무조건 도입했다. 시기와 관계없이 조직원들의 역량을 높이고 회사의 수준을 높이는 것이라면 알게 된 즉시 도입하여 실행해보는 게 김홍국 회장의 경영 철학이었다.

이제 다음 장에서는 '사람'에 대해 가져야 할 사장의 촉에 대해 알아볼 것이다. 1장을 제대로 숙지했다면 경영에 대한 기본은 익힌 셈이다. 많은 분량을 할애해 1장을 서술한 것은, 이 부분이 경영에 있어 가장 기본적인 부분이면서도 많은 사장들이 잘 알지 못하거나 혹은 알아도 자기 것으로 소화해 실행하고 있지 못하는 것들이기 때문이다. 사실, 1장에 나오는 내용뿐 아니라 책 전체를 관통하는 이야기는 강의 때마다 많은 중소기업 사장들로부터 공감을 불러일으켰다. 그들은 무릎을 쳤고, 반성하는 마음으로 다시 경영에 임했다. 그만큼 중요하다는 뜻이다. 1장을 시작으로 '사장의 촉'을 만드는 총 5가지 방법은, 막 창업한 이들에게는 성공을 위한 기틀을 마련하고, 경영을 이미 하고 있으나 다음 단계의 성공궤도에 진입한 이들에게는 그릇을 넓혀주고, 거듭되는 실패로 난항을 겪고 있는 사장에게는 이를 돌파해갈 방법을 제시해줄 것이다. 이 내용만 충분히 숙지해도 되겠지만, 각 챕터별로 나온 이야기들이 세세하게 담긴 좋은 책들을 찾아보며 학습하길 바란다. 끊임없이 공부하는 사장이야말로 리더의 자격을 갖춘 사장이다. 이제, 다음 장으로 넘어가 보자.

강한 조직의 8+8 원칙

독일 바이엘(직원 13만 명, 매출 연65조)

● ● ● ● ●

직원의 경쟁력 8 원칙

❶ 고객 최우선 마인드 가지기

❷ 결과 및 성과에 책임지기

❸ 조직간의 연대감 쌓기

❹ 조직간의 신뢰감 쌓기

❺ 다양성 추구하기

❻ 관리능력 배양하기

❼ 기획력과 조정능력 배양하기

❽ 자기계발에 집중하기

리더의 경쟁력 8 원칙

❶ 통찰력을 키울 것

❷ 모든 사고를 전략적으로 할 것

❸ 효과적인 팀워크를 이루기 위해 노력할 것

❹ 용기를 가질 것

❺ 항상 혁신을 추구할 것

❻ 불확실성에 대비한 관리능력 키울 것

❼ 비전과 목표를 제시할 수 있을 것

❽ 인재개발에 집중할 것

Part
02

사장의 촉을 만드는 두 번째 원칙

사람을 읽는 촉

"유능한 리더는 사랑받는 사람이 아니라
구성원이 제대로 일할 수 있게 하는 사람이다."

– 피터 드러커(Peter Ferdinand Drucker)

CHAPTER 1 ●●●

강요인가, 자발인가

딸란트를 찾아 동기를 부여하면 스스로 일을 즐기는 조직이 된다

미국 철강 산업의 창건자인 앤드류 카네기의 묘비명은 "여기, 자신보다도 더 우수한 사람을 어떻게 다루어야 하는지를 아는 인간이 누워 있다."이다. 많은 의미가 담긴 문장이다. 우리는 앞 파트를 통해 경영 전반에 대해 틀을 잡는 방법을 이야기했다. 사실, 앞에서 설명한 내용은 기본 중의 기본이다. 그러나 우리는 그 기본이 제대로 잡히지 않았을 때 결정적인 순간에 회사가 흔들릴 수 있다는 사실을 알고 있다(이미 경험한 사람도 많을 것이다). 더불어, 이 기본적인 것을 잘 모르는 채로 직관에만 의존해 회사를 운영해오던 많은 사장들이 한계에 부딪히기도 했을 것이다. 기본은 선택의 문제가 아니다. 회사의 존속, 나아가 성공을 위해 '없으면 안 되는 것'이 바로 기본이다. 반대로 기본이 잘 갖춰지면 그 회사는 쉽게 흔들리지 않는다. 기본이 갖춰진 상태로 쌓아가는 것들은 고스란히 자산이 되고 성장 동력이 된다. 단단한 흙 위에 다져가며 집을 짓는 것과도 같다. 그래서 모든 일에 있어 '기본'과 관련해서는 아무리 강조해도 지나치지 않으며 특히 경영에 있어서는 더욱 그렇다.

두 번째로 살펴볼 것은 서두에 언급한 대로 '사람을 다루는' 방법이다. 컨설팅을 하며, 혹은 수업을 하며 만난 중소기업 사장들이 가장 골머리를 앓는 부분이 바로 '사람'이다. 회사의 성패를 가르는 사업의 가장 큰 요소 중 하나가 사람이기 때문이다. 사람 없이 회사는 돌아가지 않는다. 사장의 좋은 머리도, 수완도, 결국 그것을 함께 이뤄나갈 사람이 없으면 지속할 수 없다. 이렇게 사람이 중요하며, 사람을 다루는 방법이 회사의 성패와 직결된다는 사실을 모르는 사장은 잘 없다. 그러나 문제는 그 방법이 너무도 어려워서 수월한 순간이 없다는 사실이다. 회사가 잘 될 때도 회사가 힘들 때도… 사람은 언제나 문제의 가장 화두에 있다.

따라서 두 번째 장에서 나는 경영에 있어 사람을 어떻게 관리하는가에 대해 다뤄보려고 한다. 이 역시 현장과 이론 모든 영역에서 경험하고 수많은 기업들을 컨설팅한 내용을 바탕으로 쓰였다. 특히, 일본전산을 넘어서는 용인술을 실행하고 성공적인 결과를 얻었던 하림에서의 경험은 경영에서 사람을 어떻게 바라보고 다루어야 하는지, 특히 사장과 주요 관리자들 관점에서 어떤 부분에 초점을 맞춰야 하는지 깨닫게 해주었다. 그 첫 번째 내용으로 '직원들을 스스로 일하게 만들려면 어떻게 해야 하는지'에 대해 이야기해 보도록 하자('그게 가능할까?' 의문이 들겠지만 '가능하다!').

할 수 없는 것이 아니라 잘하는 것에 집중하라

● ● ●

1999년 5월, 서울 인터콘티넨탈 호텔에서 열리는 물류혁신 관련 세미나에 가기 위해 전주에서 새벽 4시에 출발했다. 당시 하림은 물류 관련해서 고민을 많이 하던 때였는데, 마케팅을 총괄하는 임원이었던 나는 아침에 챙겨보던 주요 신문에 난 기사를 보고는 꼭 참석해서 정보를 얻어야겠다는 생각에 새벽 기차를 탄 것이다. 누가 시킨 건 아니었지만, 남들보다 호기심이 많고 좋은 정보가 있다면 가서 반드시 습득하고 전문가들과 함께하는 자리를 좋아하는 것이 나의 성향이었기에 새벽에 저절로 눈이 떠졌다. 내가 모르는 물류 관련 이야기를 듣고 그 자리에 참석할 생각을 하니 가슴이 들뜨기까지 했다.

오전 7시, 세미나가 시작되고 앞줄에 앉은 나는 2시간 동안 열심히 세미나를 들었다. 그런데 세미나가 끝난 후, 나보다 더 앞줄에 앉은 사람의 뒷모습이 어쩐지 익숙한 것이 아닌가. 내가 어깨를 톡톡 쳤더니 하림의 김홍국 회장이 뒤를 돌아보고는 깜짝 놀라는 표정을 지었다. 내가 올 줄 생각도 못 했던 김 회장은 내 모습을 보고는 놀라는 동시에 싱긋이 미소를 지어 보였다. 그때의 그 만족스러운 미소는 아직도 기억에 잘 잊혀지지가 않는다. 전주에서 올라오려면 새벽에 출발했을 텐데, 누가 시키지도 않은 일을 직원이 스스로 알아서 한다고 생각하니 얼마나 뿌듯했겠는가.

세미나가 끝나고 받은 자료로 스터디를 하고 내용을 정리했다. 세미나가 끝난 후 김 회장과 차를 한잔 나누며 세미나 내용에 대해 이야기를 나누었다. "오늘 받은 내용, 다음 임원회의 때 발표하세요." 하림은 지식 공유 시스템에 익숙해진 터라, 당연한 수순이었다. 직원이 교육받은 내용은 한 사람의 자산이 아니라 회사의 자산이다. 이것이 지식경영 시스템이다.

김홍국 회장이 먼저 내려가고 나는 곧장 코엑스 지하에 있던 반디앤루니스 서점으로 향했다. 물류와 관련한 책은 모두 검색해서 괜찮은 책으로 선별한 다음, 공부를 시작했다. 1시간을 강의하려면 10시간을 준비하는 건 기본이다. 그래서 강의를 많이 하면 실력이 늘 수밖에 없다(그래서 지금도 나는 물류에 대해서 굉장히 해박하다). 세미나를 듣고 책으로 스터디를 한 다음, 유명한 물류 전문회사 한군데에 전화를 걸어 상담을 요청했다. 바로 담당자를 만나 물류와 관련한 전반적인 흐름과 실무, 이론에 대해 배웠다. 이 내용을 바탕으로 한 주 동안 꼼꼼하게 준비한 다음 임원회의 때 발표를 했다. SCM이 무엇인지, 물류가 무엇인지, 다른 회사들은(큰 회사부터 작은 회사까지) 어떻게 하고 있는지, 선입선출은 어떻게 되는지… 사실,

이미 큰 회사에서는 실행되고 있는 툴이었지만, 하림은 아직 도입이 안 된 상태였기에 모든 임원은 이 발표를 집중해서 들을 수밖에 없었다.

돌이켜 생각해보면 김홍국 회장이 가장 잘하는 것이 바로 '그 사람의 달란트를 찾아 그에 맞는 일'을 시키는 것이다. 김홍국 회장은 의도적으로 나를 키우기 위해 대외 세미나에 자주 참석하게 했고, 네트워크를 넓히는 데 주로 투입했다. 그래서 하림에 있으면서 기자도 만나고, 관련 전문가들도 만나면서 점점 인맥을 넓혀나갔다. 당시 하림은 모든 부서가 매년 여러 가지 컨설팅 지원을 받았다. 그러면 30년의 노하우를 가진 전문가들이 들어오는데, 컨설팅하는 업체가 들어오면 대부분 내가 카운터파트너가 됐다. 나는 그들을 만나 그들의 노하우를 말 그대로 쪽쪽 뽑아먹었다. 그리고 배운 내용을 조직 내에 퍼뜨리는 전도사 역할을 했다. 확실히 이해하지 못하면 퍼뜨릴 수 없으므로 매번 긴장하고 집중했다. 그러니 실력이 늘 수밖에. 근무가 끝나면 11시까지 컨설팅 내용에 대해 토론하고 정리하는 시간을 가졌다. 배운 것을 완전히 내 것으로 만들면 당시 내가 만들었던 '마케팅 스쿨'을 통해 직원들에게 재분배했다.

중요한 건 김홍국 회장이 이런 나의 달란트를 누구보다 잘 알았다는 사실이다. 사실, 나는 이 과정을 모두 즐겼다. 만약 나보고 데

스크에 앉아 서류만 만지고 있으라고 했다면 따분해서 곧장 일을 그만뒀을지도 모른다. 컨설팅을 하다 보면 어떤 직원이 인성도 좋고 성실성도 좋은데, A라는 업무 능력이 떨어져서 1년 내도록 A라는 업무가 될 때까지 시켜보고 있다고 말하는 걸 보게 된다. 그는 자신의 달란트와 맞지 않는 일을 1년 내도록 반복하면서 자괴감으로 바닥을 칠 것이다. 그 직원이 신명나게 일하거나 자발적으로 일하는 모습은 상상하기 힘들다(나의 경우, 하기 싫은 일은 10분만 해도 엄청난 스트레스를 받는다).

그것은 유능한 직원을 '바보'로 만드는 방법이다. 나처럼 호기심이 많고, 다른 사람으로부터 노하우를 전수받아 사람들에게 알려주는 일에 달란트가 있는 사람에게는 거기에 맞는 일을 시켜야 한다. 새벽 4시에 전주에서 출발할 때 가슴이 설렜던 것처럼, 스스로 일을 찾아서 하고 알아서 성장동력을 만들며 스스로 성취감을 느낄 수 있을 정도까지 하려면 방법은 하나밖에 없다. '그 사람의 달란트에 맞는' 일을 찾아주는 것이다. 피터 드러커의 《자기경영노트》에 보면 이런 글이 나온다. "자신이 할 수 있는 것이 아니라 자신이 할 수 없는 것에만 신경을 쓰는 사람, 그리고 그 결과 강점을 활용하기보다는 약점을 줄이려는 사람은 그 자신이 약한 인간의 표본이다."

지금 당장 직원의 약점 찾기는 그만하라. 스스로 애착과 책임감을 느끼고 하는 일은 강요에 의해 억지로 하는 일의 6배 높게 나타난다고 한다. 그러니 '안 되는 부분'보다 '잘하는 부분'을 극대화시켜보라. 그러면 직원의 표정이 바뀌고, 태도가 바뀌고, 회사의 분위기가 바뀌며, 결국 회사의 미래가 바뀔 것이다.

자발적으로 할 수 있는 역량을 키워라

● ● ○

"좋은 배를 만들기 위해서는 사람을 모으고 목재를 구해 배를 만드는 것도 좋지만, 무한히 넓은 바다에 대한 동경심을 가르치는 게 낫다."라는 말이 있다. 무슨 말인가? '동기부여'를 해주라는 뜻이다. 바다에 나가면 육지에서는 보지 못한 갖가지 진귀한 광경들과 새로운 먹거리, 놀거리들을 발견하게 된다. 하늘을 동경하던 라이트 형제가 비행기를 만들었지 않았던가. 비전을 제시하고 동기를 부여하는 것이 기술을 알려주는 것보다 그 사람을 움직이는 데 훨씬 강력한 방법이 된다. 강의를 하면서 "교회에 가면 수당을 주는 것도 아니고 취미 거리가 있는 것도 아닌데, 헌금까지 내 가면서 왜 가냐?"라고 우스갯소리처럼 물어볼 때가 있다. '천국'이라는 비전을 제시했기 때문이다. 비전을 제시하고, 그 일을 스스로 꿈꾸고 즐기게 만들어주면 말 그대로 '게임'은 끝난다.

컨설팅을 하며 잘된 회사를 가보면 분명한 이유가 있다는 걸 알게 된다. 카네기 비문에 "열심히 놀고 즐기다 간다."라고 한 것처럼 평생 해야 하는 일을 즐길 수 있다면, 마니아가 될 수 있다면 그것보다 효율적인 게 있을까? 나도 지난 시간을 돌이켜보면 정말 치열하고 부지런하게 일에 몰두했지만, 대부분 즐거운 마음으로 푹 빠져서 했다. 단순히 일의 기술을 습득하는 차원을 넘어, 내 분야에서 대체 불가능한 사람이 되고 새로운 네트워크를 형성하고 내가 아는 지식을 시스템화하고 직원들과 공유하는 일은 나에겐 일보다 놀이에 가까웠다. 그리고 지금 역시 컨설팅을 하며 죽어가는 회사에게는 심폐소생술을 하고, 잘 되는 회사는 더 잘 되게 만드는 일, 즉, 남의 성공에 관심을 두는 일이 이토록 시간 가는 줄 모르는 신나는 일이라는 게 신기할 정도다. 일찌감치 나의 달란트가 회사라는 조직을 통해 발견되어졌고, 그 부분에 특화되어 성장하고 쌓았기 때문이라는 생각이 든다. 엉뚱한 방향으로 '안 되는' 걸 '되게' 만드는 데 집중했다면 지금의 나는 없었을지 모른다.

이쯤 되면 한 가지 고민이 더 생긴다. "달란트대로 하게 해주고, 강요하지 않고 자발적으로 하라고 하는데도 안 되던데요?" 이렇게 말할 수 있다. 여기에 대해서는 2가지로 나누어 이야기해볼 수 있겠다.

첫째, '강요'와 '자발'의 경계는 무엇인가?

말 그대로 어디까지가 강요이고 어디까지가 자발인가? 일을 시킬 때, 그 사람의 달란트를 찾아주고 그것을 성장시킬 때는 이 경계에 신경을 써야 한다. 무조건 "알아서 하라."는 말도 틀린 말이고, 하나하나 일일이 "이렇게 해보세요."라는 것도 틀린 말이다. 일에 있어 지시는 디테일한 것이 좋다. 그러나 그 디테일을 사장(혹은 리더)의 입에서 일일이 나가서는 안 된다. 정답이 없기 때문이다. 상황에 따라, 업무의 성격에 따라, 일을 하는 사람의 성향에 따라 업무를 처리하는 방법과 과정, 일정이 달라지기 마련이다. 그래서 하림에서는 브레인스토밍을 많이 하게 했다. 지시받은 업무를 어떻게 처리할 것인가? 거기에 대해 의견을 준비하고 회의 때 자유롭게 토론한 후 방향을 잡는다. 그 내용으로 최종 보고를 해서 컨펌이 떨어지면 실행한다.

자발적으로 의견을 내고 올린 거니 당연히 애착을 갖고 실행할 수밖에 없다. 만약 "이렇게 이렇게 해라."라고 시킨 것에 따라 했다면, 잘 안 됐을 때는 "거봐요, 안 되잖아요." "이렇게 하는 건 좀 아닌 것 같았어." 등의 이야기가 나올 수밖에 없다. 반대로 일방적으로 지시한 것이 성공하면 그 공은 시킨 사람이 가져간다. 임원들의 경우 실패는 대부분 자기 잘못이라기보다 조직원이 역량이 없다고 생각하기 때문에 책임을 떠넘기기 일쑤다. 강요와 자발은 과정이나 결과 모든 면에서 엄청난 차이가 있다. 하지만 브레인스토밍을 통해 나온 결과에 따라 "이렇게 한번 해볼까요?"라고 물어본 경우는 다르다. 상사는 거기에 대해 살짝씩 터치를 해주면서 오롯이 그 사람의 역량에 모든 걸 맡긴다. 그런 후에 일을 실행하니, 애착과 책임감이 생겨 6배 효과가 나올 수밖에 없다. 결과가 좋게 나오면 자신감이 솟는다. 실패하면 실패학습이 되고 두 번 실패하지 않도록 스스로 긴장하게 된다.

그렇다면 어디까지가 강요이고 어디까지가 자발인가? 그 밸런스가 중요한데, 강요는 일방적인 지시라고 생각하면 간단하다. 일의 하나부터 열까지 다 정해줘 놓고 "자발적으로 해!!"라고 호소한다고 해서 직원들이 절대 스스로 움직이는 건 아니다. 굳이 말하지 않고도 자발적으로 하기 위해서는 스스로 과정에 대한 방법을 찾고 자신이 결정한 것에 따라 움직여야 한다. 앞에서 말한 방법처럼 말이다. 그러면 두 번째 고민이 생긴다.

둘째, 자발적으로 할 수 있는 역량이 있는가?

스스로 알아서 일하려면 그에 맞는 역량이 갖춰져 있어야 한다. 역량이 안 되면 절대 자발적으로 할 수 없다. 아무런 훈련도, 학습도 되어있지 않은 상태에서 어떻게 브레인스토밍을 하며 (비교적) 성공적인 액션플랜을 내놓을 수 있겠는가?

역량을 갖추고 스스로 동기부여가 되도록 만들어주면, 놀랍게도 그 회사의 조직원들은 누가 오너이고 직원인지 구분이 안 갈 정도로 열심히 일하는 모습을 보게 된다. 그만큼 열정적인 태도로 자신의 일에 푹 파묻히게 된다. 그 모든 것이 자신의 성과, 돈, 비전과 연결되기 때문이다. 그렇다. 결국 '어떻게 역량을 만들어줄 것인가?' '어떻게 스스로 일하게 할 것인가?'에 대한 답은 시스템에 있다. 앞 파트에서 강조한 것처럼 사람과 돈, 그 외 모든 경영 전반은 시스템에 의해 돌아가게 해야 한다. 조직원의 역량을 키우고 자발적으로 일하게 만드는 것 역시 시스템으로 가능하다.

'당근과 채찍'이라는 말을 수도 없이 들어보았을 것이다. 이때 시스템이란 상벌 시스템이다. 잘못하면 책임을 묻고 잘하면 칭찬한다. 이 간단한 툴은 직원들을 모티베이션시키는 매우 중요한 방법이 된다. 이 시스템이 잘 돌아가면 일을 하지 말라고 해도 알아서 하는 상황까지 간다(가슴이 두근거리는가? 그렇다면 지금 당장 시험해보라). "열정을 가져라."라고 강요할 수는 없다. 그러나 그 열정을 가질 수 있는 시스템을 만들고 움직이게 하면 가능하다. 아무리 잘하고 싶어도 역량이 없으면 못 하고, 모르면 못하니 학습시스템을 잘 구축해 조직원들을 훈련시키는 게 먼저다. 그런 다음, 자신들이 잘했을 때 얼마나 좋은 성과가 돌아가는지 확실하게 해준다.

"그 시스템을 어떻게 짜죠?"

좋은 질문이다. 나는 오랫동안 조직의 목표를 관리하고, 이 목표를 달성하는 데 최적화된 조직원의 역량을 키우는 툴로 MBO를 제안해왔다.

MBO로 일을 꿈으로 착각하는
조직을 만들어라

● ● ●

아마 MBO(Management by Objectives)에 대해서는 수없이 들어보았을 것이다. 그러나 의외로 중소기업들의 이야기를 들어보면 직원들의 성과관리 및 동기부여에 MBO가 매우 효과적인 방법임에도 불구하고 "에이, 너무 구시대 이론 아닌가요?" "요즘 더 좋은 거 많지 않아요?"라고 말하며 실행하지 않는 경우를 많이 보게 된다. 하지만 오늘날의 중소기업에게는 이보다 좋은 목표관리 시스템은 없다고 본다.

MBO는 말 그대로 목표관리다. 사장이 볼 때는 모든 직원이 바쁘게 일하는 것 같다. 그러나 그렇게 바쁘게 일하는 직원들이 내는 성과를 어떻게 측정해야 하는지에 대해서는 잘 모르는 경우가 많다. 물론 영업이나 생산은 성과측정이 수월할 것이다. 계량화가 쉽기 때문이다. 그렇다면 다른 조직은 어떻게 측정할 것인가?

실제로 중소기업들 중 MBO를 하고 있는데 잘 안 된다고 말하는 오너들의 이야기를 들어보면 '했다'보다 '어떻게 했는지'가 더 중요함을 모르는 이들이 많았다. 즉 방법이 중요하다는 것이다. 이는 MBO에 대한 이해도가 부족하기 때문이다. 이와 더불어 MBO를 지속하지 못하는 '지속성의 결여'가 결국 제대로 된 MBO를 하지 못하는 결과를 내게 된다. 물론 대기업이나 MBO를 잘하는 중소기업에서도 이를 지속하다 보면 문제는 발생한다. 즉 단점은 생길 수 있다는 것이다. 정답은 없다. 하지만 그럼에도 불구하고 중소기업에게 있어 MBO는 도입해볼 만한 가치가 있다.

MBO는 간단하다. 근무의 평가를 업무시간이나 업무의 양으로 보는 것보다 그 사람이 낸 성과를 중심으로 평가하는 것이 MBO의 기본 컨셉이다. 쉽게 말해 퍼포먼스를 보아야 한다는 것이다. 그래서 어떤 이들은 MBO를 MBP(Management by Performance)라고도 부른다.

MBO를 도입하면 얻을 수 있는 첫 번째 장점은 각 직원들이 개인의 목표를 갖게 되어 목표의식이 뚜렷해진다는 것이다. 그리고 두 번째 장점은 개인의 MBO와 팀의 MBO, 그리고 회사의 MBO까지 하나로 묶을 시, 이 모든 조직(직원, 팀, 회사)이 한 방향으로 함께 나아갈 수 있는 효과를 볼 수 있다. MBO를 실행함에 있어 평가와 더불어 중요한 것은 바로 보상이다. 평가와 보상이 없으면 MBO는 실패한다. 평가는 공정해야 한다. 그리고 평가가 공정하기 위해서는 목표가 공정해야 한다. MBO를 실패하는 대부분 기업들의 문제점은 이 목표를 너무 이상적으로 잡는다는 것이다. 할 수 없는 목표는 의미가 없다. 그러니 100% 실패하는 것이다. 실현 가능한 목표에서 약간의 의지가 더해진 수준이 바로 정상적인 목표이다. 산술적으로 '이 정도면 우리가 목표를 달성할 수 있다.'라는 목표에 의지목표가 더해진 수준이 가장 합리적인 목표라는 것이다. MBO를 실패하는 두 번째는 세운 목표를 달성하기 위한 구체적인 액션플랜의 부재다. 실행계획이 없거나 매우 애매모호한 것이다. '최선을 다하겠다.' '최대한 빨리 해보겠다.'와 같은 것들은 뜬구름 잡는 이야기일 뿐, 계획이 아니다.

성공적인 MBO를 도입하고 싶다면 다음 2가지 단계를 명심하자. 첫 번째 단계는 달성 가능한 목표를 세우는 것이다. 여기서 중요한 것은 그 목표를 사장이 세워주는 것이 아니라 직원 스스로가 제시하여 세우는 것이다. 즉 사장이나 임원과 약속(합의)을 하는 것이다. 두 번째 단계는 그 목표를 달성하기 위한 액션플랜(실행계획)을 만드는 것이다. 이 액션플랜은 굉장히 구체적이어야 한다. 시간(타임)과 담당자(누가), 그리고 조력자까지 모든 것이 나와 있어야한다. 이것이 제대론 된 MBO의 핵심이다. 이게 빠져 있는 MBO는 아무 의미가 없다.

그렇게 결과가 나오면 이 결과에 대해서는 최대한 형평성에 맞는 평가가 이루어져야 한다. 그리고 MBO에서 가장 핵심적인 단어인 KPI가 나온다. 이는 'Key Performance Indicator'의 약자로, 숫자와 계량화가 되어야 한다는 얘기다. 즉 구체적인 숫자가 나오지 않으면 의미가 없다는 뜻이다. 이렇게 제대로 된 평가를 통한 제대로 된 보상까지 이루어져야 올바른 MBO라고 부를 수 있다.

덧붙여 이 보상 역시 '즉시성'이라는 것이 있어야 한다. 가능하면 보상을 즉각즉각 해주어야 한다는 것이다. 보험회사처럼 말이다. 보험회사들 같은 경우 매월 직원들에게 시상을 한다. 그렇게 평가와 보상으로 직원들이 즐거움과 자신감이 생겨야 다음 목표에 도전하고자 하는 의욕이 생긴다. 그리고 이것이 잘 운영되면 순기능하여 조직 전체에 모티베이션이 된다. 물론 경우에 따라 역기능도 생긴다. '난 그냥 인센티브 안 받고 안 할 거야.' 하고 포기하는 직원이 생기는 것이다. 또 부서끼리 싸움이 붙기도 한다. 목표설정과 성과를 두고 서로 끌어내리려 하는 것이다. 그러나 개인적인 견해로는 역기능의 경우 얼마든지 해결방안을 찾을 수 있으므로 이를 무시하고 MBO를 도입하여 순기능을 이끌어내는 것이 훨씬 좋은 선택이라고 생각한다.

MBO, "다 안다." 혹은 "해봐도 잘 안 되더라."라고 말하지 말고 제대로 된 MBO의 도입을 고민해라. MBO가 제대로 되어있는 회사는 모든 것들이 디테일하며 계획적이다. 또한 직원들이 스스로 목표를 정하고 달성하며, 그에 해당하는 보상을 받기에 스스로 동기부여가 된다.

"이번 달에는 꼭 목표를 초과 달성해서 포상휴가 받아야지!"

일에 있어 스스로 성장해 전문가가 되어감을 느끼는 동시에 그에 따른 보상이 주어지는 것만큼 재미난 게 어디 있을까. 기술을 알려주는 건 자발보다는 강요에 가깝다. 바다를 동경하게 해주고 그게 얼마나 신나는 일인지 느끼게 해서 가슴을 두근거리게 해라. 그런 다음 바다에 나갈 배를 만들 수 있도록 기술을 알려주고 학습 시켜라. 배를 만드는 모든 과정에서 목표를 짜게 하고, 그 목표를 달성할 때마다 보상해라. 이것이 MBO이며 조직에서 사람을 관리 하는 최적화된 시스템이다.

상사는 '쫄따구', 리더는 '부하'를 갖는다

1. 쫄다구는 상사에게 불신을 주지만 부하는 리더에게 믿음을 준다.
2. 쫄다구는 "어떻게 할까요?"라고 말하지만 부하는 "이렇게 하겠습니다"라고 말한다.
3. 쫄다구는 시켜도 안 하지만 부하는 알아서 한다.
4. 쫄다구는 꾸짖으면 대들지만, 부하는 꾸짖으면 고치려 애를 쓴다.
5. 쫄다구는 아부로 인정받으려고 하지만, 부하는 일로 인정받으려고 한다.
6. 쫄다구는 힘들게 일하지만, 부하는 재미있게 일한다.
7. 쫄다구는 퇴근 후 이후 스케줄에 관심이 많지만, 부하는 회사 내의 주간 스케줄을 챙겨본다.
8. 쫄다구는 필요할 때 없지만, 부하는 필요할 때마다 있다.
9. 쫄다구는 불만을 뒤에서 말하지만, 부하는 불만을 앞에서 토로한다.
10. 쫄다구는 상사를 무서워하지만, 부하는 리더를 존경한다.
11. 쫄다구는 상사의 눈치를 보느라 힘들어하지만, 부하는 일이 많아 힘들어한다.
12. 쫄다구는 자신을 부하라고 생각하지만, 부하는 자신을 쫄다구라고 생각한다.

CHAPTER 2

우리 직원들을 자기 일의
마니아가 되게 하라

벌떡이는 조직을 만들기 위한 2가지 방법

성경에 보면 1달란트 사용에 대한 이야기가 나온다. 주인이 집을 비우면서 3명의 일꾼에게 각각 1달란트씩을 맡겼다. 그가 돌아와 일꾼들에게 주었던 달란트를 확인하니, 한 명은 1달란트를 고스란히 가지고 있고, 한 명은 그것을 잘못 써서 날려버렸고, 나머지 한 명은 그것을 활용해 돈을 벌었다. 주인은 돈을 날린 사람과 돈을 벌어들인 사람에게는 칭찬을 하고 고스란히 가지고 있는 사람에겐 "이 게으른 종 놈아!" 하고 비난했다. 아무것도 하지 않은 사람에게 더 큰 벌을 준 것이다.

사장이 하는 일은 모든 사람에게 똑같이 기회를 주는 것이다. 단, 그들이 잘하는 것, 즉 달란트를 찾아서 업무를 맡기고 기회를 준다. 나는 이를 '달란트 경영'이라고 하는데, 앞에서도 이야기했지만, 하림에서는 이 시스템이 매우 잘 적용되어 돌아갔다. MBTI 나 인성, 또 다양한 현장 경험을 통해 그 사람의 달란트를 파악하고 적재적소에 그 사람을 배치한다. 거기서 주어진 1달러를 어떻게 활용하는지 보는 것이다. 그러려면 그 사람을 적합한 자리에 잘 두는 게 중요하고, 지속적으로 성공 경험을 할 수 있게 해주는 것이 중요하다. 자기 자리를 잘 찾은 사람은 맡은 일에 마니아가 되어 시키지 않아도 열심히 일하며, 그런 사람들이 많아지면 마치 고래가 춤추듯 벌떡이는 조직으로 변해간다.

이번 장은 앞장과 연결된 내용으로, 벌떡이는 조직을 만들기 위한 좀 더 구체적인 방법을 제시하려고 한다. 이해를 돕기 위해 크게 달란트 경영, 동기부여 2가지로 나누어 설명하겠다.

여기 있으면 무능하고, 저기 있으면 유능하다

● ● ●

달란트 경영이라는 말은 익숙한 듯하면서도 어쩐지 쉽지 않게 느껴진다. 머리로는 이해되지만 막상 실천하려고 하면 구체적인 방법이 잘 손에 잡히지 않기 때문이다. 달란트 경영의 핵심은 그 사람이 가장 잘하는 분야를 알아내고 성향을 파악하여, 적재적소에 배치하는 데 있다. 이때 달란트를 파악하기 위한 방법에는 여러 가지가 있다. 인성검사, MBTI, 주변 평가, 직속 상사의 업무평가, 이

외에도 끝없는 관찰과 대화가 포함된다. 내 경험에 의하면 업무에서의 달란트는 전공 분야의 영향도 받지만, 실제 업무를 하다 보면 자연스럽게 발견되는 경우가 많다. 스스로 발견되는 경우도 있지만, 주변의 관찰과 평가를 통해 객관적으로 발견되는 경우도 많다.

달란트를 발견하는 과정에서 '대화'는 생각보다 중요하다. 업무에서는 파악하기 힘든 심층적인 이야기는 1:1의 대화 속에서 많이 발견된다. 중소기업은 사장과의 독대도 될 수 있고, 임원이나 직속 상관과의 소통도 될 수 있다. 회식을 통해 그간 쌓인 속내를 터놓는 것과는 개념이 다르다. 자투리 시간을 이용해 티타임을 가지면서 업무 진행에 관련한 것을 체크하는 동시에 현재 그 사람의 업무 만족도와 기타 성향들을 파악해볼 수 있다. 동시에 주변의 평가도 중요하다. 상사에게 보이는 모습과 일에 임하는 모습과는 또 다른 것이 동료들과의 모습이다. 선배들의 평가는 어떤지 후배들의 평가는 어떤지 이런 모든 것이 도움이 된다. 이를 다면평가라고 하는데, 이를 시스템화해서 학교에서 담임이 생활기록부를 써주듯 그 사람에 대해 시시콜콜 보고받는 것은 달란트를 파악하는 데 큰 도움이 된다.

무엇보다 사장의 끝없는 관심과 관찰, 대화는 중소기업에서 없어선 안 되는 경영의 툴 중 하나다. 보통 사장과 이야기를 하면 인터뷰라고 생각하는데(엄밀히 따지면 맞지만) 이때의 인터뷰는 업무의 연장선에 있는 딱딱한 인터뷰가 아닌, 개인적이고 친밀하면서도 심층적인 인터뷰를 의미한다. 나는 주로 점심시간이 끝나고 따로 불러 티타임을 가지면서 일 얘기뿐 아니라 개인적인 이야기까지 모두 나누곤 했다. 그렇게 나눈 대화로 그 사람이 인사발령이 난 지 1년이 되지 않았더라도 그가 그곳에 있는 게 적절하지 않다고 판단되면 기다릴 필요 없이 부서를 바꾸도록 했다. 대기업은 한번 정하면 1년에서 그 이상까지 가는 게 원칙이지만 적은 인원으로 움직여야 하는 중소기업은 그럴 필요가 없다. 부적절한 곳에 배치된 인원은 기업에서 '줄줄' 새나가는 돈이나 마찬가지다.

이런 달란트 경영은 말단직원뿐 아니라 중간관리자, 임원까지 모두에게 해당한다. 하림에서 어떤 임원 중 한 명은 자신의 업무에 대한 결과는 매우 좋은데 팀원 관리가 되지 않아 늘 애를 먹었다. 보통 임원 밑에는 30~40명 이상의 직원이 들어가는데, 그 팀에만 들어가면 관리가 되지 않아 문제가 터지곤 했다. 이를 지켜보던 김홍국 회장은 그 사람의 팀원을 2~3명으로 확 줄이고 그가 잘하는 업무만 하도록 시켰다. 그랬더니 놀라운 성과가 나오면서 회사에 큰 이익을 가져다주는 동시에, 그 임원은 '리더십이 바닥인' 임원에서 '유능한' 임원으로 탈바꿈했다. 이처럼 달란트를 발견하고 적재적소에 배치하는 것은 무능한 직원을 유능한 직원으로 만드는 탁월한 전략이다.

돈 들어오면 바로 빼는,
입금 다이어트!

● ● ○

한때 예능 프로그램에 출연한 한 여배우가 '입금 다이어트' 이야기를 해서 화제가 된 적이 있다. 작품이 없을 때는 잘 먹고 잘 놀면서 크게 몸 관리를 하지 않고 있다가, 작품이 들어오고 계약금이 딱 들어오면 그때부터 살을 쫙쫙 빼서 몸을 만든다는 것이다. 다른 어떤 것도 동기부여가 안 되는데, 일단 돈을 보면 잡생각이 사라지면서 곧바로 헬스장으로 달려가고 냉장고를 비우게 된다는 게 그녀의 말이었다.

회사의 경영에서도 사실은 '돈'만큼 동기부여가 강한 것은 없다. 조금 힘들어도 보상이 후하면 '견딜 만하다'라고 느낀다(물론, 사람 관계 때문에 힘든 경우는 좀 예외다). 어차피 기업은 돈을 벌기 위해 존재하고, 거기에 들어오는 직원들 역시 생계를 위한 이유가 매우 큰 부분을 차지한다. 이런 기본적인 원리를 무시한 채 "우리 직원들은 돈보다 따뜻한 말 한마디를 더 좋아해요." "회사가 힘드니 충분히 이해해요."라고 말하는 사장이 있다면 찬물을 한 잔 건네주고 싶다. 얼른 정신 차리길. 그리고 오히려 이 단순한 원리를 충분히 활용해 직원들을 벌떡이게 하라고 조언해주겠다. 당근이 있어야 채찍도 먹히고, 화끈한 당근 맛을 본 자만이 다음 당근을 기대하며 달릴 수 있다.

이 모든 것을 '모티베이션' 즉 동기부여라고 할 수 있는데, 중소기업에서 써먹을 수 있는 강력한 모티베이션 3가지를 소개하겠다.

1. 성과급

그 사람이 원하든 원하지 않든 비전, 합리적 목표, 달란트에 맞는 일, 성과급을 준다면 그 조직은 곧 '성과가 나오는 조직'이 된다. 직원들이 마니아처럼 일하기 때문이다. 앞에서 합리적 목표를 정하고 달란트를 찾는 방법에 대해 설명했다. 성과급은 MBO 시스템을 통해 회사의 상황에 맞게 설정해라. 돈을 싫어하는 직장인은 없다. 열정이 있어도 주어지는 보상이 적으면 시들해지기 마련이다.

2. 특진

특진 제도를 적절히 활용하라. 진급과 특진은 다르다. 진급은 때가 되면 하는 것이지만 특진은 말 그대로 특별한 진급이다. 잘한 일에 대해 충분히 보람을 느끼게 하고, 나이, 성별, 근속연수와 상관없이 잘 해낸 일에 대해서 특진이라는 보상을 준다면 회사 전체가 역동적으로 변한다. '나에게도 반드시 기회가 온다.'라는 희망을 가지게 된다면, 오너 입장에서는 생각지도 못한 곳에서 보물을 발견하는 기쁨을 맛볼 수 있다.

3. 인정과 칭찬

사실, 이 부분은 쉬우면서도 어렵다. 말은 쉽지만, 실행으로 옮기기가 어렵기 때문이다. 인간의 인정 욕구는 언제, 어디에서나 똑같이 적용된다. 하물며, 평생 가장 많은 시간을 보낸다고 해도 과언이 아닐 일터에서는 어떤가. 회사에서 늘 비난받고 실수와 실패가 잦아 자존감이 하락한 가장들이 어깨를 축 늘어뜨린 채 귀가하는 모습을 얼마나 많이 보는가. 인정과 칭찬은 정말 '고래도 춤추게' 한다. 마니아처럼 일한다는 건 그 일에 미쳐서 하는 것이고, 누군가를 미치게 하는 건 적절한 보상과 끝없는 인정, 그리고 칭찬밖에는 없다. 한 마디로 그 일을 하는 게 '너무' 좋은 것이다. "김 대리, 생각도 못 했는데 이걸 어떻게 했어?" "박 부장! 이번에 보고서 정말 끝내주던데요." 열심히 하는 만큼 칭찬받고 주변으로부터 인정받는다면 그 일을 싫어할 이유는 없다.

과거 물류 관련 세미나에서 아주 흐뭇하게 웃으며 나를 바라보던 김홍국 회장의 표정은, 곧 나를 인정하고 칭찬하는 마음이 담긴 표정임을 알 수 있었다. 내가 '잘하고 있다'라는 걸 계속해서 확인하게 되니 더, 더, 더 하고 싶은 건 당연했다. 벌떡이는 조직을 만드는 데 말 몇 마디면 된다니. 이를 실천하지 않는 사장은 얼마나 어리석은가. 칭찬과 인정에는 돈이 들지 않는다. 아낀다고 곡간에 쌓이는 것도 아니다. 잘못한 일은 냉철하게 채찍질하고 잘한 일에 대해선 가슴이 벅차도록 칭찬해라. 그 인정과 칭찬이 우리 조직을 살린다.

CHAPTER 3

단순 일터를
꿈터, 잼터, 끈터로 만들어라

살면서 가장 많이 보는 사람은 가족도 아닌 회사 사람이다

　가끔 내가 이런 말을 하면 "재수 없다."라고 받아치는 사람이 있는데, 사실 나는 '월요병'이라는 단어를 이해 못 할 만큼 '일'이 좋았다. 그렇다고 '일 중독'인 것은 아니다. 지금도 내게 세상에서 가장 가슴을 설레게 하는 게 무엇이냐고 물으면 1초도 고민하지 않고 '여행'이라고 말한다. 비즈니스 네트워크를 형성한 후 워크숍으로 해외에 나갈 때면, 모든 여행 일정을 짜는 건 내 몫이다. 그 일을 할 때는 시간이 가는 줄도 모른다. 시종일관 심장이 두근거린다. 몇 번 가본 곳을 다시 가는데도 다른 사람과 함께 간다는 것, 그곳을 여행할 생각에 가슴이 설레는 것이다. 여행만큼은 아니겠지만, 나는 일이 좋았다. 그래서 회사에 오랫동안 남아 남들보다 더 열심히 일했던 것 같다. 누가 시키지 않았는데도 말이다.

최근에 이 책을 정리하면서 '나에게 일터는 무엇이었을까?'라는 생각을 진지하게 해보게 됐다. 강의 때마다 일터를 '꿈터, 잼터, 끈터'로 만들라고 강조하곤 했는데, 과연 내게 하림과 또 다른 회사들이 그런 곳이었을까? 생각해보니 운 좋게도 내가 몸을 담았던 곳은 대부분 내게 꿈을 주고, 재미를 주고, 끈끈한 관계를 주었던 곳이었다.

인간이 살아가면서 가장 많은 시간을 보내고, 가장 많은 인연을 만드는 곳이 회사라고 해도 과언이 아니다. 만약 내가 사장이라면 나와 함께 일하기 위해 우리 회사를 선택한 사람들에게 어떤 일터를 만들어주고 싶은가? 유능한 직원을 얻고 싶은 마음 이전에, 그들이 기꺼이 이곳을 선택해줄 만한 이유를 만들어놓는 것이 유능한 사장의 일이다. 많은 돈을 들여 회사를 비까번쩍하게 만들어놓고, 어마어마한 복지제도를 만드는 것만이 이에 해당하지 않는다. 물론, 이디야처럼 매달 도서 구입비로 월 3만 원씩 꼬박꼬박 지원하고, 전 직원 해외연수 프로그램을 적용하며, 강원도에 직원 전용 글램핑 시설을 운영하면 더없이 좋을 것이다. 그러나 아직 그럴 수 없는 중소기업이라면, 적어도 '꿈터, 잼터, 끈터'가 되기 위한 작은 노력들을 쌓아가야 한다. 반대로 말하면 회사에 나오는 것이 그저 월급을 받기 위한 행위, 따분하고 재미없는 일터에서 죽치고 앉아 시간만 때우는 일, 사람들과의 관계는 좋지 않고 보기 싫은 사람들로 수두룩해서 죽을 맛이어선 안 된다는 뜻이다.

사장이 생각하는 좋은 회사,
직원이 생각하는 좋은 회사의 차이

● ● ●

"딸내미가 많이 아프다더니 좀 어때요? 잘 먹어야 해. 고때는 먹
는 게 보약이지."

나의 아침 인사다. 하림에 있을 때 아마 나만큼 직원에 대한 정
보를 세세히 알고 있는 사람은 많지 않았을 것이다. 가족의 이름은
물론 직원들의 집안 경조사까지 모두 파악하고 있었으니까. 그게
의무적으로 다가왔다면 그렇게 열정적으로 하지 못했을 것이다.
인생에 있어서 회사 사람들만큼 많이 보는 사람은 없지 않은가. 그
러니 자연스레 관심이 주어진 것이고, 그들에게 관심을 갖는 만큼
그들 또한 회사에 나오는 일이 훨씬 즐겁고 행복한 일이 된다는 걸
잘 알았기 때문이다. 실제로 나의 이런 관심과 깊은 유대감은 큰
효과를 발휘했다. 내부 조직 안에서의 이러한 네트워크가 잘 형성
될수록 오고 싶은 일터로 바뀐다.

모 취업 포털사이트에서 '회사에 다니는 이유'에 대해 조사했
더니 60.7%가 생계유지를 위해서, 19.2%가 이직을 하기 위해서,
7.1%가 다른 할 일이 없어서 4.9%가 현 회사와 같이 발전하기 위
해서, 4.1%가 현 회사에 배울 점이 많아서라고 대답했다고 한다.
그렇다면 이쯤에서 한번 이 질문에 답해보자.

우리 직원들은
왜 우리 회사에 다닐까?

위 조사결과와 비슷한 답변이 나올 수도 있겠지만, 사장이라면 이 부분에 대해 진지하게 생각해보아야 한다. 이는 곧 '다니고 싶은 회사'와 직결되는 문제이기 때문이다. 내가 앞에서 일터를 '일하는 곳'이 아닌 '꿈터' '잼터' '끈터'로 만들라고 한 것은 '그만두고 싶지 않은 회사' '함께 꿈꾸고 싶은 회사'로 만들기 위함이다. 꿈터는 꿈을 주는 회사, 잼터는 재미를 주는 회사, 끈터는 끈끈한 소속감을 안겨주는 회사를 뜻한다. 그런데 상당수의 사장들이 이렇게 말한다. "우리 회사는 충분히 좋은 조건을 갖추고 있습니다."라고. 다음 표를 한번 보자. 다음 표는, 사장이 생각하는 좋은 회사와 직원이 생각하는 좋은 회사의 순서를 정리한 것이다.

경영진이 생각하는 좋은 회사	직원이 생각하는 좋은 회사
1. 임금	1. 인정
2. 직업에 대한 안정성	2. 소속감
3. 승진	3. 사적인 문제에 대한 도움
4. 직무환경	4. 직업에 대한 안정성
5. 유익한 직무	5. 임금

6.	직원에 대한 신뢰	6.	유익한 직무
7.	공정한 징계	7.	승진
8.	인정	8.	직원에 대한 신뢰
9.	사적인 문제에 대한 도움	9.	직무환경
10. 소속감		10. 공정한 징계	

보통 사장들은 임금이 높고 승진의 기회가 많이 주어지며 환경이 좋은 것을 높은 순으로 꼽는다. 하지만 직원들은 '내가 이곳에서 충분히 인정받고 있는가?' '소속감이 있는가?' '내게 어떤 일이 생겼을 때 도움을 받을 만한 상사가 동료, 혹은 회사의 시스템이 있는가?' 등을 우선순위로 꼽았다. 이 표를 보고 사장이 인사이트를 얻는 것만으로도 큰 도움이 되리라 생각한다. 오랫동안 인사관리에 관여해왔던 나 역시 이 표를 보고 짐짓 놀랐다.

삼성은 1등에게 과감한 보상을 해주고, 학연 및 지연을 따져 사람을 평가하는 일을 철저히 금했다. 누구든 동일한 기회가 주어지고 상을 노려볼 수 있는 것. 내가 열심히 한 만큼 인정받고 칭찬받을 수 있는 곳이라면 그곳이 바로 꿈터다. 내가 성장하고 있다는 걸 느끼는 것이야말로 나를 변화시키고 일으켜 세우는 가장 큰 동력이다.

또한 회사는 일을 하는 곳이지만, 그 일이 놀이가 될 만큼 즐겁다면 그곳이 바로 잼터다. '일이 놀이라고요?' 하고 코웃음 치는가? 앞에서도 누누이 이야기했지만 나에게 일은 놀이였고 지금도 그렇다. 그렇게 되기까지 나는 충분한 학습과 훈련을 받았고, 인정과 칭찬, 그리고 보상을 받았다. 그 원동력이 나를 자발적으로 움직이게 했고, 무엇을 하든 '내 일'처럼 즐기면서, 마니아가 되어 벌떡이게 했다.

또한 회사 내에서 형성된 관계들은 아직도 나에게 중요한 끈으로 남아있다. 그러나 회사가 크든 작든 회사 내에서는 부서 간의 갈등, 사람 간의 갈등이 일어나기 마련이다. 문제는 이 갈등이 늘 회사가 성장하는 데 발목을 잡는다는 것이다. 종종 생산적인 갈등도 있지만 대부분은 그렇지 않다. 하림의 경우, 이를 방지하기 위해 여러 방법을 적용했다.

예를 들어, 생산 현장 아주머니들에게 위생교육을 받게 하여 백화점에서 물건을 팔게 했다. 나이가 지긋한 생산직 여사님들은 백화점에 나가 아무리 소리쳐도 백화점에서 우리 제품 한두 봉지가 쉽게 팔리지 않는다는 사실을 알게 되었다. 반대로 백화점에 근무하는 판촉여사님들에게는 숙소를 제공하여 생산 현장에 며칠간 투입되도록 했다.생산직을 처음 해보는 사람들은 3시간만 지나면 허리가 아프고 눈이 충혈되어 버티질 못했다. 생산 현장이 얼마나 쉴 틈 없이 돌아가는지 판매직들은 생산직의 고충을 그제야 알게 되는 것이다. 이와 같은 교체 근무를 사용한 결과 서로의 고충을 알게 되어 두 부서의 갈등은 눈 녹듯이 사라졌다.

또 다른 방법은 갈등이 많이 일어나는 부서들이 서로의 업무를 잘 이해할 수 있도록 '타운홀미팅'을 가진 것이다. 이는 잭 웰치의 '벽 없는 조직'에 대한 해결방안으로 나온 것인데, 구글, 카카오, 페이스북, 야놀자 등이 이 시스템을 도입해서 활발하게 진행하고 있다. 타운홀미팅은 하나의 목적과 주제를 두고 그와 관련된 부서들이 모여 함께 고민하는 것으로, 이때는 직급이나 부서에 상관없이 자유롭게 의견을 내고 토론할 수 있다.

이렇게 하자 각각의 부서들은 자신의 부서가 아닌 다른 부서의 업무와 고충 등에 대해 알게 되어 갈등의 해소는 물론이고 차출된 직원들의 역량까지 올라가게 만들 수 있었다. 정말이지 굉장한 효과를 볼 수 있는 방법이었다. 이 외에도 다른 부서와의 회식을 위한 비용을 주어 반드시 사용하게끔 했다(사용하지 않으면 페널티를 주었다). 그동안 쌓인 이야기를 풀면서 서로를 이해하고 돈독해지는 시간을 갖게 한 것이다. 이 작은 실행이 조직 내의 갈등을 대폭 줄이고, 끈끈한 관계로서 서로 윈-윈하는 내부고객 관계를 형성하게 했다.

사장은 모르고 직원만 아는 불편한 진실, 직원의 60%는 이직을 꿈꾼다

● ● ○

사장은 늘 최선을 다하고 있음에도 불구하고 호소한다.

"미치겠어요. 직장 구하는 사람은 많은데 우리 회사에 필요한 사람은 없고, 겨우 뽑아서 키워놓으면 그만둬야 할 사람은 끝까지 버티고 있고, 정말 필요한 사람은 나가버려요."

슬픈 이야기지만, 사장 마음과 직원 마음은 다르다. 꿈터, 잼터, 끈터를 만들어도 직원이 회사에 만족하는 경우는 30%밖에 되지 않는다. 이 사실을 이해하고 받아들이는 게 매우 중요하다. 서운해하면서 감정을 소모하는 대신, 여기에 대한 대비책을 마련하는 게 더 낫기 때문이다. 안 그러면 매번 몰려드는 배신감에 제대로 회사를 운영하기가 힘들어진다. 이 질문에 답해보자.

> 직원이 그만두는 건
> 누구의 잘못인가?

내가 하림에 있을 때는 회사를 떠나는 직원이 별로 없었다. 사표를 내라고 강요하는 분위기도 아니었고, 능력이 없어도 붙어있으면 되는 가족적인 분위기이기도 했다. 대부분이 열정적이었기에

'으쌰으쌰' 하며 앞을 향해 달렸다. 그렇다고 회식을 많이 하고 술을 많이 사주는 것도 아니었다. 소속감, 성취감, 만족감(보상)이 시스템으로 어우러지니 사람들이 자기 역할을 찾아 알아서 뛰었다. 회사가 직원과 동상이몽할수록 회사는 재미없는 곳, 열정이 식은 곳이 되고 만다. 우리 직원들이 원하는 것을 계속 모니터링하면서, 그에 합당한 상벌 시스템을 만들고 사람을 관리해야 한다.

동시에 언제나 직원이 사장 마음과 같은 거라는 생각은 금물이다. 아는 후배가 회사를 차린 지 몇 년 안 되었을 때 나를 찾아와 속이 터진다며 이야기한 적이 있다. 회사에 신입사원이 12명 들어왔는데, 얼마 안 되어 13명이 나갔다는 것이다. 직원이 한 번 오고 나갈 때마다 회사의 손실은 막대하다. 단순히 퇴직금, 실업급여의 문제를 떠나 그 사람에게 쏟은 에너지와 나머지 인력들은 고스란히 손실로 남는다. 그 후배 역시 1억 원 가까이 손해를 보았다며 스트레스가 심하다고 했다.

안타까운 마음에 컨설팅을 해주면서 보니, 문제점은 대표에게 있었다. 대표가 외부 일이 너무 많다 보니 직원들을 세심하게 챙기지 못하는 상황이었다. 이런 경우, 대표를 대신해 챙겨줄 사람이라도 있으면 다행인데 그런 인력이 없었다. 직원들은 방치되고 있었고 '자율'이라는 이름으로 관리가 안 되고 있었다. 앞에서도 말했지만 역량이 안 되는 직원에게 자율은 독약과 같다. 훈련이 안 된 조직이라면 빠른 속도로 망하는 길로 간다.

"박 대표의 잘못이 100%야."

내 설명을 들은 후배도 느끼는 게 많은 듯한 눈치였다. 나는 파트1의 내용과 더불어 MBO 시스템을 설명하면서, 외부 일을 줄이고 사람 관리에 더 신경 써서 안정적으로 회사의 틀을 만들기를 권유했다.

가장 입사하고 싶은 중소기업 1위인 마이다스 아이티는 '경영은 사람을 제대로 이해하는 것으로부터 시작된다'는 것이 경영의 철학이다. 사람이 원하는 것은 '행복'이므로, 경영이 고민해야 할 것은 '돈'이 아니라 '사람'이고, 경영이 바라봐야 할 곳은 '시장'이 아닌 '사람'의 행복이어야 한다는 것이다. 이형우 회장은 '축록자불견산(逐鹿者不見山)이요 확금자불견인(攫金者不見人)'이라는 말을 중요시한다. 이는 사슴을 쫓는 데 열중하는 사냥꾼은 산이 깊어진다는 것을 놓치기 마련이고, 돈에 눈먼 자는 주변의 사람이 보이지 않는다는 뜻으로 사람을 관리하는 것이 얼마나 중요한지를 말해준다. 그는 실제로 호텔 수준의 직원 식당을 운영하면서 유능한 인재가 회사를 떠나지 않고 좋은 인재들이 오도록 하는 데 온 힘을 기울이고 있다.

어느 회사나 이직의 이유는 다양하다. 회사의 비전 부재, 급여 불만, 인사 불만, 사람 관계 등등. 중요한 건 사장의 생각과 직원의 생각은 늘 다를 수밖에 없다는 사실이다. 이 차이를 좁히려는 노력이 곧 회사를 '다니고 싶은 곳'으로 만든다. 강의 때 내가 자주 인용하는 이야기가 있다. 모 회사에서 중역 회의를 하는데, 창의적인 아이디어를 내는 사람이 아무도 없자 사장이 호통을 쳤다. 그랬더니 한 직원이 이렇게 말하는 것이다.

"창의적이고 아이디어가 많은 사람은 과장, 차장 시절에 다 잘리거나 퇴사했습니다."

이 얘기를 하면 모두 웃음을 터뜨리지만, 사실은 참 서글픈 이야기다.

유능한 인재를 억지로 내 회사에 머무르게 하기는 힘들다. 꿈과 비전, 그리고 네트워크 속에서 그들을 인정하고 보상함으로써 형성된다. 지금 내 회사에 그것이 시스템으로 잘 구축되어 있는지 점검하라. 사장의 기분에 의해, 회사의 상황에 따라, 변하고 움직이고 있지는 않은지, 혹은 누구보다 중요한 내 사람들을 방치하고 외부의 일을 좇거나 개인 업무에 치여있지는 않은지, 더 늦기 전에 점검해볼 일이다.

공자의 인재경영 : 협박할 것인가? 협치할 것인가?

1. 첫 번째 인(因)
- 구성원들의 강점, 약점, 꿈을 알고 있는가?
- 파악하고자 하는가, 장악하고자 하는가?
- 물을 먹이기보다 갈증을 느끼게 하라

2. 두 번째 인(引)

• 끌어낼 것인가? 집어넣을 것인가?

• 감시하는 리더인가? 관찰하는 리더인가? : 양육형 리더 혹은 사육형 리더

• 인재시교(人材時校) 원칙 : 사람마다 역량이 다르다, 사람의 역량에 맞게 말을 다르게 하라

• 답과 질문 : 훈화와 경청은 다르다.

• 좋은 질문이 중요하다, 답보다 좋은 질문을 주어라.

• 불통의 리더 : 지시는 대충하고 성과만 추궁하는 리더, 상황과 시기를 살피지 않고 성과만 추궁하는 리더, 교육과 역량을 키우지 않고 처벌만 강조하는 리더, 권한과 성과 배분에 인색한 리더

• 소통의 리더 : 직원들 기대치에도 핸디가 필요, 현장상황 분석에 능통한 리더, 기대성과의 점검 시기, 평가 기준의 합의점을 찾는 리더

• 바람직한 리더의 소통 방식 : 구성원들 스스로가 의사결정이 70%, 직원들 소통 및 확인시간이 20%, 결정적 지시 및 명령이 10%, 지시는 10%, 확인이 90%

3. 세 번째 인(仁)

• 참석시킬 것인가? 참여시킬 것인가? 공감시킬 것인가?

• 공자의 태묘 이야기 : 태묘에게 제사 자문을 하러 간 공자는 매우 기본적인 절차까지 세심하게 물어보았다. 그 이유는 첫째, 태묘의 자존심을 세워주려 한 것이고 둘째, 지방마다 다를지 모르는 절차를 다시 한번 점검한 것이고 셋째, 아직 모를지도 모를 주변 사람들을 위해 일부러 물어본 것이었다.

• 좋은 질문 : 간절하게 묻는지? 알아도 질문하는지? 적임자에게 묻는지?

왜 우리 직원들은 자꾸만 사표를 낼까?

• • • • •

많은 중소기업의 사장들이 직원들이 회사를 그만두면 '급여' 때문이라고 생각한다. 그러나 실제로 퇴사 면담 기록을 보면 실제로 급여가 문제가 아니라는 사실을 알 수 있다.

몇 년 전 N사 대표가 나를 찾아왔다. 20여 명밖에 안 되는 회사에서 왜 이렇게 이직률이 높은지 모르겠다는 것이다. 직원들이 매일 주머니에 사표를 넣어 다니는 것 같다며, 회사가 초창기다 보니 급여를 많이 주지 못해서 자꾸 나가는 모양이라며 하소연했다. 당장 급여를 올려줄 수도 없고, 그렇다고 속속 나가는 그들을 붙잡을 방법도 없다는 것이다. 이야기를 들은 즉시 회사를 찾아가 퇴사자 면담 프로그램을 실행했다.

이 작업으로 데이터를 내보니 원인은 '급여'가 아니라 바로 '사람' 때문이라는 걸 알 수 있었다. 즉, 꼴 보기 싫은 사람 때문에 떠나는 경우가 매우 많았던 것이다. 그리고 여기에는 윗사람만이 아니라 아랫사람, 옆 사람까지 모두 포함되었다. 이처럼 직원이 회사를 그만둔다고 한다면 사람 문제, 즉 회사 내의 조직, 사람 간의 관계에 문제가 없는지 반드시 살펴보아야 한다. 우리 회사가 '끈터'로써 서로 소통하고 네트워킹되는 조직으로 잘 움직이고 있는지 점검하는 것은 사장이 해야 할 가장 중요한 일 중 한다(실제로 직원들은 사장에게 퇴사 사유에 대해 "누구누구 때문이다."라고 절대 이야기하지 않는다).

다음으로 퇴사 사유로 가장 많은 것이 바로 회사의 비전이다. 특히나 요즘 젊은 세대 같은 경우, 회사의 비전이 제대로 제시되지 않는다고 느낄 시 퇴사를 선택한다. 그러니 회사의 비전이 있는지를 먼저 점검하고, 다음으로는 이 비전을 어느 수준의 직원들까지 제대로 알고 있는지를(공유하고 있는지를) 점검해보길 바란다.

예전에 하림의 경우 급여를 6개월이나 밀리던 적이 있었다. 엄밀히 말하면 부도 수준이었다. 급여가 계속 밀리자 직원들끼리 카드 돌려막기로 버텨야 했다. 그런데도 직원들의 퇴사율이 거의 없었다. 왜였을까? '딱히 갈 곳이 없어서 돈을 못 받으면서도 이렇게 눌러 앉아있는 건가?' 생각했는데, 실제로 직원들이 그렇게 버틸 수 있었던 이유는 하림 오너가 제시한 비전 때문이었다. 김홍국 회장은 이 어려움을 극복하고 반드시 성공할 것이라는 확고한 비전을 제시했다. 당시 하림의 생산직 아주머니들은 김 회장이 복도를 걸어가면 그의 손을 붙잡고 울곤 했다. 회사가 어려우니 얼마나 힘드시겠냐며 말이다. 당신의 기업은 어떠한가? 규모가 5명이든 500명이든 비전을 가지고 있는지, 그 비전을 제시하는 프로세스가 있는지, 잘 공유되고 있는지는 똑같이 매우 중요하다는 사실을 알아야한다. 이것이 제대로 되어있다면 직원이 회사를 떠날 이유는 크게 줄어들 것이다.

논어를 보면 '아는 이는 좋아하는 이만 못하고 좋아하는 이는 즐기는 이만 못하다.'라는 말이 있다. 일을 즐기는 사람이라면 회사가 아무리 어려워도 떠나지 않을 것이라는 얘기다. 그렇다면 어떻게 해야 일을 즐기도록 만들 수 있을까? 앞에서 이야기했듯 그 사람이 좋아하는 일을 할 수 있도록 적재적소에 배치해주어라. 그럼 자연히 일을 즐길 수 있게 될 것이다. 서로 소통하는 회사, 비전을 공유하는 회사, 일을 즐길 수 있는 회사를 떠날 직원은 별로 없다.

CHAPTER 4

인재 채용은
연애가 아니라 결혼이다

결혼 전보다 결혼 후에 더 잘해야 가정이 평온하다

직원의 유형은 크게 2가지로 나뉜다. '일을 하려는 사람'과 '일을 하지 않으려는 사람'. 일을 하려는 사람은 방법을 찾는다. 책으로든 인터넷으로든 고민한다. 그러나 일을 하지 않으려는 사람들은 핑계를 대고 핑계를 찾는다. 우리 회사의 김 대리가 떠오르는가? 박 팀장이 떠오르는가? 일을 하려는 사람과 함께해도 성공할까 말까 한 것이 사업이다. 그런데 우리 직원들 대부분이 '일하기 싫은 사람'이라면 그 회사는 어떻게 되겠는가?

앞에서 계속 강조했지만 일을 하고 싶게 만들어주는 건 사장의 몫이다. 회사가 '마니아처럼' 일할 수 있도록 해주어야 직원들이 자발적으로 일한다. 사람 때문에 고민이라고 말하면서 대부분의 중소기업이 인재를 채용하는 체계가 없고, 이들을 교육하고 육성하는 관리 시스템을 가지고 있지 않다. 그렇다고 인사전문가를 두기엔 부담스러운 것이 현실이다.

나는 이 장에서 사람과 관련해 가장 고민이 될 만한 주제에 대해 풀어볼까 한다. 바로 '어떻게 뽑아서' '어떻게 쓸 것인가?'이다. 사람을 어떻게 관리해야 하는지에 대해서는 앞에서 계속 설명했으므로, 이 장에서는 주로 '채용'을 중심으로 설명하려고 한다. 다음 내용을 잘 익힌 후 내 회사에 적합한 인재 채용 프로세스를 완성해보도록 하자.

어렵게 뽑아서 쉽게 쓸 것인가, 쉽게 뽑아서 어렵게 쓸 것인가

● ● ●

나는 컨설팅을 할 때 꼭 이런 질문을 한다.

'쉽게 뽑아 어렵게 쓸 것인가? 아니면 어렵게 뽑아 쉽게 쓸 것인가?'

《장사의 신》을 쓴 우노 다카시는 학벌도, 인물도, 과거도 묻지 않고 채용해 그 사람이 하나의 가게를 운영할 수 있을 때까지 훈련한다고 했다. 하림 역시 '내가 필요한 인재는 내가 키워서 쓴다'가 인재 채용의 방향성이었다. 이런 경우, 인재를 키우는 시스템이 탁월하든가 애당초 자질이 충분한 사람을 뽑든가, 2가지 조건이 잘 맞아야 한다.

　보통 중소기업 사장들은 유능한 사람을 뽑으려고 한다. 그러나 실제로 중소기업이 유능한 사람을 뽑아 쓰기란 쉽지 않다. 그렇다면 어떤 인재를 뽑아야 하나? 바로 '우리 회사에 적합한 사람'이다. 즉, 유능한 사람보다 적합한 사람이 채용의 기준이 되어야 한다는 것이다. 뽑은 다음으로 중요한 것은 그 사람을 적재적소에 배치하는 것이다. 뽑은 사람의 능력을 다방면으로 파악하여 그 능력을 가장 잘 사용할 수 있는 곳에 배치하는 것. 일명 'Right place, Right person'이다. 모든 자리에는 그 자리에 맞는 사람이 있다. 능력이 아무리 출중해도 그 자리에 맞지 않는 사람일 경우 전혀 능력 발휘를 하지 못한다. 그 사람의 능력이나 의사와 상관없이 무능한 사람이 되어버리는 것이다.

　그렇다면 우리 회사에 적합한 인재를 보는 기준은 무엇일까? 학력일까? 경력일까? 스펙일까? 중소기업은 코드(문화)와 열정, 그리고 호기심을 보아야 한다. 즉 도전의식이 많은 직원을 쓰는 것이 좋다는 것이다. 따라서 이를 잘 잡아내고 판단하기 위한 프로세스를 내부에서 잘 만들어야 한다. 이 프로세스는 아주 기본적인 것부터 심층적인 것까지 다양한 세부 항목이 포함된다.

　예를 들어, 기업에서 생각보다 사람을 뽑을 때 간과하고 체크하지 않는 것이 있다. 바로 출퇴근 거리 문제이다. 기업들은 뽑은 사람이 오지 않으면 급여 때문인가? 하고 생각한다. 그러나 의외로 많이 문제가 되는 것은 출퇴근 거리 문제다. 내가 아는 기업 중 김포 외곽 쪽에 위치한 회사가 있었다. 그런데 이 회사가 사람을 뽑기만 하면 그만두는 것이다. 알고 보니 그만둔 직원들 모두 출퇴근이 너무 힘들다는 게 퇴사의 이유였다. 결국 내 조언에 따라 그 회사는 위치를 지하철로 오가기 쉬운 수도권 역세권으로 옮겼다. 그 뒤로 채용은 물론이고 이직률 역시 매우 긍정적으로 변화했다(급여에는 변화가 없었다). 두 번째는 결혼이다. 자녀의 유무는 직원들의 책임감과 직결되어 큰 차이를 만들어낸다. 세 번째는 맞벌이냐 외벌이냐의 문제다. 이런 모든 것들이 이력서에 적혀있음에도 기업에서는 이를 간과하는 경우가 많다. 하지만 막상 뽑아보면 이런 것들이 문제가 되는 것이다. 대기업은 중소기업과 달리 급여 수준이나 복지 수준이 이 모든 것을 감안할 정도가 되지만 중소기업은 그렇지 않기에 문제가 되는 것이다.

각 회사마다 이런 사소한 부분들을 반드시 고려하여 기준을 세워야 한다. 즉, 중소기업은 다른 무엇보다 회사에 맞는 채용 프로세스와 적재적소에 뽑은 사람을 배치하는 프로세스, 이 2가지를 갖추는 것이 가장 중요하다. 채용 프로세스의 경우, 대기업에서는 사람을 채용할 때 다양한 방식으로 직원을 뽑는다. 인성검사, 필기시험, 다양한 방법의 면접(서류부터 심지어 술자리 면접까지) 등. 채용 방법에는 정답이 없다. 중요한 것은 우리 회사에 맞는 방법을 만드는 것이다. 매뉴얼이 없다는 것이 문제라면 문제다.

더불어 역량을 가진 사람, 일을 하고자 하는 마인드를 가진 사람에게 맞는 자리(적재적소)를 찾아주는 것 역시 중요하다. 이렇게 잘 뽑아서 배치했다면, 다음은 육성하는 프로그램이 필요하다. 중소기업의 경우 대기업처럼 여러 명을 케어하는 것은 힘들기 때문에 몇 명만을 집중해서 육성하는 쪽으로 프로그램을 만들어 회사의 뼈대로 활용하는 편이 낫다.

보통 채용은 공채와 추천, 2가지로 이루어진다. 이 둘을 적절히 잘 활용하는 것이 좋다. 공채와 추천에는 장단점이 있는데, 중소기업은 공채가 쉽지 않다. 조건이 열악한 경우가 많기 때문에 중소기업은 추천이 많을 수밖에 없다. 요즘에는 다양한 경로를 통한 채용 시스템이 잘 되어있는데, 실질적으로 이런 루트를 통해 뽑는 사람으로 성공하는 경우는 20%밖에 안 된다. 지원자가 많은 데 비해 검증이 안 된 경우도 많기 때문이다. 따라서 사장은 공채에서는 시행착오가 필요하단 걸 인지하고 있어야 한다. 그 상태에서 이들에게 적재적소에 이들을 배치할 수 있게끔 달란트를 체크하는 시간이 많이 필요하다. 추천은 일단 검증이 되어서 온다는 것, 내부 사정을 알고 온다는 게 장점이지만 환경에 적응하는 게 쉽지는 않으니 뽑는 단계에 숙고기간을 들여야 한다. 그리고 일단 오면 잘 적응할 수 있게 적응할 시스템이 있어야 하고, 데려온 이후에 더 신경 써서 잘해야 한다. 그래야 빨리 적응하고 금방 일을 잘할 수 있게 된다.

서두에 던진 '쉽게 뽑아 어렵게 쓸 것인가? 아니면 어렵게 뽑아 쉽게 쓸 것인가?'의 답은 '무조건 어렵게 뽑는다.'이다. 사장이 임원에게 "네가 쓸 사람이니 네가 뽑아보라." 하는 건 잘못된 태도다. 직원을 채용할 때는 반드시 사장이 관여해 까다롭게, 어렵게 뽑는 것이 맞다. 쉽게 뽑으면 나중에 일 시킬 때 어렵게 시켜야 한다.

적합한 인재를 우수한 인재로 키워라

● ● ●

어렵게 인재를 뽑았다면, 이제 쉽게 쓰기 위한 전략이 필요하다. 제목에서 말한 것처럼 결혼을 예로 들면 이해가 쉬울 것이다. 결혼은 할 때보다 한 후가 더 중요하다. 서로 잘하기 위해 노력하고 몰랐던 모습을 보게 되면서 이해하고 맞춰가는 과정이 필요하다. 지혜로운 부부는 서로 부딪히지 않고 결혼 후에 더 행복하게 살기 위한 전략을 짠다. 우리 부부도 '싸운 후에 화해하는 법'에 대해 여러 차례 대화를 나누고 합의를 보았다. 특히, 신혼 때는 그릇이 여러 번 깨진다. 신혼은 마냥 달콤할 것 같지만, 몰랐던 모습을 발견하고 실망해 '성격 차이'로 헤어지는 경우가 부지기수다. 서로에게 가장 잘 맞는 사람이라 생각하고 선택했건만, 내가 잘못 본 건지 그 사람이 변한 건지 알 수가 없다.

기업에서는 이런 경우를 방지하기 위해 '어렵게 뽑는' 과정을 거친다. 그리고 뽑았다면 서로 맞춰가기 위한 시간을 충분히 가지는 게 중요하다. 하림에서 최소 6개월의 숙고기간을 두었던 것처럼, 최소 5~6개월 이상 조직의 다양한 시스템과 문화에 적응할 시간을 주어야 한다. 대부분의 사장이 이 기다림을 힘들어한다. 6개월이나 급여를 주면서 아무런 결과를 얻지 못한다는 걸 받아들이기가 힘든 것이다. 하지만 이 시간 동안 사장과 임원, 관리자들은 새로 온 사람의 달란트를 발견할 수 있도록 다면평가와 인터뷰를 진행하면서 세심하게 관찰해야 한다. 그들을 처음에 적합한 자리에 앉혔다고 생각하더라도 관찰 후에는 상황이 달라질 수 있다. 이 부분은 끊임없이 해야 하는 사장의 고민이다.

하림은 다면평가에 대한 부분을 매우 중요히 여겼다. 채용 시 경력사원을 70명 뽑으면 1년 후에 신입사원 35명을 또 뽑는다. 그리고 경력사원 1명당 신입사원 1명을 붙여 트레이닝을 한다. 신입사원이 현장을 빨리 배울 수 있도록 밀착 트레이닝을 시키는 것이다. 신입을 선배에게 배치해서 가르치게 한 다음, 두 사람 모두에게 보고서를 올리게 했다. 선배는 신입에게 어떤 달란트가 있는지 쓰게 했고, 신입은 그 선배 사원을 평가하고 그날그날 무엇을 배웠는지 보고하게 했다. 보고서를 써야 하니 서로를 면밀하게 관찰할 수밖에 없다.

보통 신입사원을 뽑고는 "잘해봐! 열심히 해!"라고 말하고 업무에 투입하는데, 그러면 일의 습득이 느리다. 우수한 경력사원에게 신입을 붙여서 2주 동안 밀착 트레이닝을 진행한다. 그러면 앞 파트에서 말한 '용광로 전략'이 이루어지는 셈이다. 나는 두 사람을 모두 불러 오늘 무엇을 했고, 무엇을 배웠으며, 어떤 이야기를 나누었는지 인터뷰했다. 직원과 1:1로 인터뷰를 할 때는 'Spot Coaching 기법'을 쓰면 좋다. 크게 3가지로 나누어 질문하는 것이다.

오늘은 어떤 업무를 처리하는지?
이 업무를 처리하는데 어떤 전략을 세워서 진행하고 있는지?
내가 도와줄 부분은 없는지?

이렇게 타이트한 과정으로 사람이 관리되니 신입이든 경력이든 실력이 늘 수밖에 없었다.

많은 중소기업 사장들이 100억, 200억까지는 회사를 잘 이끌어 간다. 그러나 어느 순간 한계를 느끼게 된다. 그 한계의 끝에는 '사람'이 있다. 열심히 달려왔는데, 왜 그들에게는 우수한 인재가 없는 걸까? 100억~200억을 넘어서 그다음으로 도약할 수 있는 인재가 보이지 않는 걸까?

첫 번째 이유는, 사장이 우수한 인재를 전략적으로 키우지 못했기 때문이다. 두 번째 이유는 조직원들이 공부하지 않았기 때문이다. 시키는 일만 할 뿐 본인들의 역량을 키우기 위한 노력을 하지 않은 것이다. 기업이 성장하다 보면 일개 과장일 때는 정말 일을 잘하던 사람이 임원이 되면 바보가 되는 것을 보게 된다. 조직관리에 대한 경험이 없기 때문이다. 기업을 망하게 하는 것도 사람이요 흥하게 하는 것도 사람이라는 말이 있다. 중소기업에서는 회사를 흥하게 해줄 사람을 많이 원한다. 그러나 요즘 같은 시기에는 중소기업에 기쁘게 입사하는 경우는 거의 없다.

어느 대학 통계를 보면 같은 대학 같은 학과를 나온 신입사원들이 각각 중소기업과 대기업에 들어가 5년이 지난 뒤에 만나보니 둘의 역량 차이가 엄청나다는 결과가 있다. 결국, 두 사람의 달란트는 비슷했지만 한 곳에서는 그 재능을 훈련시키고 가르쳐 역량을 높여줬지만 다른 한 곳은 전혀 이를 케어해주지 않고 방치했다는 뜻이 된다. 이것이 바로 중소기업의 심각한 문제인 것이다. 사람을 키우는 체계적인 프로세스가 있어야 한다는 뜻이다.

하림의 마인드는 '내가 필요한 인재는 내가 키워서 쓴다'다. 이에 따라 인재육성을 위한 수많은 육성프로그램을 활용했다. 전북지역의 모 대학과 연계하여 거기서 대학교 3학년 때부터 하림에 맞는 맞춤형 인재를 육성하는 프로그램을 만들기도 했다. 중소기업에서 인재 육성프로그램을 만들 때는 다음 2가지에 유의해야 한다.

첫째, 문화에 잘 적응할 수 있는 프로그램을 반드시 만들어라

하림의 경우 경력사원의 생존율이 고작 30~40%에 불과했다. 그리고 이들이 회사를 나가는 가장 많은 이유가 '문화가 안 맞다'였다. 그러나 신입사원들은 이런 부분에서 문제가 거의 없다. 교육시키고 배치하여 다듬어주면 잘 근무를 하기 때문이다. 그러나 경력사원들은 다른 것보다 문화가 잘 맞지 않으면 쉽게 회사를 그만두곤 한다.

첫 직장이었던 한독약품의 경우도 비슷했다. 신입사원을 뽑으면 3개월 동안 교육시켰다. 그동안 업무에 대한 지식, 인사정책, 회사의 룰 등을 가르쳐 회사의 역사와 문화에 적응할 수 있는 사람을 길러내는 것이다. 나 역시 이와 같은 3개월 근무를 통해 회사를 완전히 이해할 수 있었고, 더불어 회사에 대한 로열티, 자부심 역시 가질 수 있었다.

놀랍게도 많은 중소기업들이 너무나 당연한 이런 기본적인 원칙들을 지키지 않거나 무시하고 인사발령을 낸다. 결국, 결과적으로 양쪽 다 손해만 보게 되는 것이다. 문화에 적응할 수 있도록 용광로 전략을 활용하는 것은 기업의 육성전략에서 가장 중요한 요소다.

둘째, 효율적인 평가 툴을 만들어라

평가를 아예 안 하거나 잡혀있는 매뉴얼이 없는 상태라면 차라리 괜찮다. 그냥 CEO가 직감적으로 하면 되니까. 물론 이는 기업을 운영하는 데에 있어 말이 안 되는 일이다. 평가가 중요한 이유는 바로 평가의 기준이 늘 문제가 되기 때문이다. 기준이 명확하지 않거나 공정하지 않으면 직원은 그 기업을 떠나버린다. 즉 평가는 아주 공정하게, 계량화시켜 잡아야만 한다. 사족으로 덧붙이자면 평가 후 보상을 하고자 한다면 평가 즉시 주는 것이 좋다. 빠른 보상이 좋다는 것이다(특히나 요즘 MZ세대들은 더욱 이것이 중요하다).

중소기업의 경우, 대기업이나 유능한 인력을 스카우트해 리스크를 늘리는 대신 '내가 쓸 인재는 내가 키워서 쓴다'라는 마인드를 가지고 효과적인 육성프로그램을 만드는 것이 좋은 방법이 될 수 있다. 회사에 맞는 적합한 인재를 채용하고 끌어와 회사에 맞는 우수한 인재로 키워내는 것. 이것이야말로 기업이 인재에 대해 올바르게 가져야 할 개념이다.

CHAPTER 5

훌륭한 리더가 해야할 가장 중요한 일은
훌륭한 리더를 만드는 일이다

양을 리드하는 사자가 될 것인가, 사자를 리드하는 양이 될 것인가

양이 리더인 사자 30마리와 사자가 리더인 양 30마리가 싸웠다. 누가 이겼을까? 당연히 사자가 리드하는 양 30마리가 이긴다. 이유는 간단하다. 사자를 따르는 양들이 스스로 사자라고 착각하고 사자를 따라 하기 때문이다. 반대로 양이 리더인 사자들은 스스로 양인 줄 알고 양처럼 무서워하게 된다. 그만큼 리더의 역할이 중요하다는 의미다. 조직의 갈등과 조직을 끌어가는 것, 그리고 조직을 강하게 만드는 모든 것을 사장이 다 할 수는 없다. 그래서 훌륭한 리더가 꼭 필요하다.

리더십에 대한 이야기는 파트1에서 한 차례 다루었다. 그러나 여기서 한 번 더 다루려고 한다. 여기서 다룰 리더십은 '리더를 만드는 리더'에 초점 맞춰진 리더십이다. 리더십의 요체는 사람이다.

즉, 사람을 잘 관리하는 것이 리더십의 요체다. 사장은 조직을 관리하고 임원은 조직원을 관리한다. 임원이 된다면 적어도 '나에 가까운' 인재를 키워낼 수 있어야 한다. 자기 일만 잘하는 사람은 리더로서 자격 미달이다.

오래전 현장에 있을 때 아주 잘나가는 생활용품 회장의 강의를 들으러 간 적이 있다. 이분은 성공비결에 대한 이야기를 했는데 그때 리더십에 대해 이야기했던 것이 아직도 기억에 남아있다.

"리더에게는 2가지 덕목이 있어야 한다. 사람 관리는 당연히 기본이고, 첫째는 디테일이다. 리더는 섬세해야 한다, 일이든 사람 관리든. 둘째는 더티 슬리브다. 소매에 때가 묻어있어야 한다는 의미로, 이는 현장을 알아야 한다는 뜻이다. 디테일과 더티 슬리브, 이 2가지가 내 성공비결이다."

조직을 성공시키기 위해서는 훌륭한 리더들이 조직 내에 많이 있어야 한다. 하림 같은 경우, 모든 임원을 백화점 현장에 파견하여 하림 제품을 백화점에서 파는 실습을 하게 했다. 임원들은 앞치마를 두르고 닭을 팔았다. 그렇게 소비자들의 생각과 현장을 앎으로써 현직에 돌아왔을 때 모든 생각이 고객 중심으로 돌아가게 만들었다. 즉 기업이 고객을 중심으로 돌아가게끔 한 것이다.

리더가 리더를 만드는 것은 곧 '아바타 경영'과 직결된다. 사장은 자신과 같은 아바타 리더를 많이 키우고, 그 아바타가 다시 아바타를 키우게 만들어 조직의 역량을 키우는 것이야말로 좋은 조직을 만드는 길이다.

아바타, 나는 나와 똑같은 사람을
몇 명이나 키우고 있는가?

● ● ●

한번은 화장품 박람회에 갔는데, 지인인 S사가 나와 있어 들르게
됐다. 가보니 아들이 나와 부스를 지키고 있었는데, 점심도 굶어가
며 사람들을 상담해주고 있었다. 나는 회장에게 가서 그런 말을 해
주었다.

"아들 같은 사람 5명만 있으면 이 회사 성공할 겁니다."

나 역시 하림에 있을 당시 S사의 아들처럼 했다. 박람회를 갈 때
면 팔을 걷어붙이고 나서서 점심도 굶어가며 일했다. 인센티브를
더 준 것도 아니었다. 오로지 열정이었다. 조금이라도 더 나은 성과
가 나오는 게 나 자신에게도 기뻤다. 아바타는 곧 나와 같은 사람
을 의미한다. 사장의 분신처럼 그의 열정까지 복제된 상태로 일에
임한다.

사장은 모든 직원을 아바타로 만들 수는 없기 때문에 임원이
10명이면 그중 1~2명을 아바타로 만든다. 그러면 그 임원이 또 부
장을 자신의 아바타로 만들고, 부장은 부하직원을 자신의 아바타
로 만든다. 그렇게 아메바처럼 세포를 복사해 분열해나가는 것이

다. 그렇게 나와 똑같은 생각, 회사에 대한 열정, 비전. 제품이나 서비스에 대한 지식 등을 똑같이 가지고 있는 사람이 많다면 회사가 얼마나 주체적으로 돌아갈 것인가? 이병철 회장이 이야기한 것처럼 "모든 직원이 자본주의의 착각"에 빠진다. 즉, "이건 내 사업이야." "삼성은 내 거야." 하는 생각으로 착각하며 일하게 하는 것이다. 그렇게 하기 위해서는 MBO와 KPI 시스템, 즉 당근과 채찍이 필요하다. 맹목적으로 "나처럼 해!" 한다고 해서 절대 될 수 없다. 잘하는 사람에겐 적절한 격려와 보상을 주어서 내 사업으로 착각할 수 있는 시스템을 만들 때만이 가능하다. 자, 한번 대답해보자.

당신 회사에는 내 아바타가 몇 명이나 있는가?

컨설팅을 할 때마다 사장에게 이렇게 물어본다.

"이 회사는 물려받은 거예요, 창업한 거예요?"

그러면 대답한다. 이 회사는 창업한 것이며, 나의 꿈은 무엇이고, 앞으로 이러한 비전을 갖고 나아가며, 사업 철학은 무엇무엇이다, 라고. 그러면 나는 다시 묻는다.

"그렇다면 이 조직에 당신과 똑같은 생각을 하는 사람이 몇 명이나 있나요?"

그러면 우물쭈물한다. 대부분 곧바로 대답하는 사장이 별로 없다. 대답을 망설이는 과정에서 인사이트가 온다.

'아! 나와 같은 생각을 하는 사람, 즉 아바타를 키우는 게 중요하구나!'

하림은 어떤 조직을 만들든 아바타를 키우기 위해서 차세대 리더스 클럽을 만들었다. 청년중역회의를 만든 것이다. 먼저, 대리부터 차장급까지 36명을 차출했다(이중 반은 전사한다고 본다). 그리고 특별 훈련을 시켰다. 일주일에 한 번 모여 브레인스토밍 토론을 했고, 별도로 스터디를 했으며, 회사에서 회식비를 따로 받아 삼겹살 파티를 하면서 깊이 있는 이야기를 나누기도 했다. 훈련을 받은 이들 중 절반은 살아남을 거라고 생각하며 했는데, 실제로 그중 절반 정도는 지금 현재 회사를 떠났고 나머지 반은 훌륭한 리더들이 되어 하림 계열사 사장이 되었다. 그는 50대 중반이라는 젊은 나이에 사장이 되었고, 그 소식을 들은 나는 아주 기쁜 마음으로 화환을 전하며 내 일처럼 진정으로 축하의 마음을 건넸다. 그리고 또 한 번 학습과 훈련의 중요성을 절감했다.

차세대 리더스 클럽에서는 지식전달도 했지만, 회사의 철학에 대한 공유, 비전에 대한 공유. 네트워킹 등을 주요 목적으로 했다. 이렇게 교육을 하면 그 조직은 사장의 눈만 보아도 무슨 생각인지 알게 된다. 내가 상무였을 때 김홍국 회장과 독대를 하면, 많은 말을 하지 않아도 회장의 생각을 바로 읽을 수 있었다. 훈련에 훈련을 거듭하니 대화가 빨라지고 이견이 안 생기거나 혹 생겨도 좁히기가 쉬웠다. 지금은 하림의 계열사가 50개 정도 되는데, 다들 김홍국 회장의 아바타로 원격조종을 한다. 우리는 '심복'이라고 표현하지만 그게 곧 아바타다. 조직에 내 마음과 똑같은 사람이 계속 늘어난다면 경영이 얼마나 쉽겠는가. 모든 리더와 직원을 한 방향으로 정렬시키는 것은 아바타 경영의 선순환적 결과다.

수퍼 리더가 되는 길

● ● ○

모든 사장에게는 꿈이 있다. 그 꿈을 혼자 꾸면 몽상에 그치겠지만 조직이 같이 꾸면 그 꿈은 이루어진다. 꿈은 같이 꾸는 거다. 사장은 비전을 제시하고, 아바타를 만들고, 한 방향으로 정렬을 해서 모든 조직이 함께 꿈꾸게 해야 한다. 하림의 김홍국 회장을 처음 만났을 때 "나는 닭을 팔아 1조 원 매출을 달성할 것이다."라고 이야기해서 그땐 그냥 혼자 꿈이려니 하고 웃어 넘겼지만, 몇 년을 같이 일하다 보니 나도 동화가 되어 '될까? 될 것 같은데? 되겠네?' 하고 생각이 바뀌었다. 그리고 결국 그 목표를 훌쩍 뛰어넘었다.

사장의 생각은 다르다. 말단 사원들은 그날 하루를 걱정한다. 오늘 일은 뭐지? 퇴근은 언제 하지? 간부, 과부장쯤 되면 그달의 일을 걱정한다. 이달 매출이 좀 나왔나? 잘 넘어가려나? 임원 정도 되면 6개월, 상하반기 혹은 1년을 고민한다. 사업목표는 얼마나 달성했나? 조금이라도 올라야 덜 깨질 텐데. 그러나 사장은 최하 3년에서 10년을 준비한다. 이건희 회장은 10년 후의 삼성을 생각하면 잠이 안 온다고 말하기도 했다. 이것이 사장의 생각이다. 즉 생각의 틀이 다르고 꿈의 크기가 다르다. 나도 임원이 되고 나니 연간 매출과 수익이 걱정되기 시작했다. 그전엔 매월 넘어가는 게 목표였고 안 깨지는 게 목표였다면 임원이 되고 나서야 전체가 보였다.

비전이 공유되는 게 중요한 것은 목표까지 함께 가야 하기 때문이다.

"이번 해에 우리 회사 목표는 15% 성장이다."

이것이 사장의 목표인데 공유가 되지 않으면, 직원은 이렇게 생각한다.

"오, 5%나 성장했네? 이 정도면 대단한 거 아니야?"

이게 바로 엇박자다. 그러나 사장의 비전이 공유되면 5%밖에 안 된 것을 실패로 여기고 원인을 분석하고 다시 달릴 준비를 한다. 태도가 달라지고 마음가짐이 달라진다. 이 모든 것이 곧 아바타 경영에 포함되고 연결되는 것이다.

나는 이번 장에서 '수퍼리더십'에 대해 잠깐 언급하고 넘어가려고 한다. 꿈꾸는 리더, 아바타를 만드는 리더에게 필요한 이 '수퍼리더십(Super Leadership)'은 부하들이 스스로를 통제하고 규제하고 이끌 수 있도록 지원할 때 리더가 발휘하는 리더십을 의미한다. 수퍼리더십에서 리더의 역할은 부하가 스스로를 이끌고 자기통제와 규제를 하는 데 필요한 역량과 기술을 촉진하는 것이다. 즉, 부하가 타인의 리더가 아니라 자신의 리더가 되어 스스로 통제하고 행동하는 것을 자기리더십이라고 한다면, 부하가 자기리더십에 필요한 능력을 갖게 하는 리더십이 수퍼리더십이다.[*]

수퍼리더십의 요건은 다음과 같다.

수퍼리더십의 요건

1. 확고한 신념의 소유자
• 조직을 움직여 변화와 혁신을 완성시킨다.
• 혁신에 익숙하다.

2. '나'를 버릴 수 있는 리더(Super Ego)
• 내 몫을 버릴 때 조직이 살고 궁극적으로 본인이 성장한다는 걸 알고 있다.
• 헌신과 희생은 구성원들의 추종과 협조를 확보하는 원인임을 알고 서번트 리더십을 발휘한다.

3. 때를 잡을 수 있는 행동적인 리더(Take Chance)
• 기회를 놓치지 않는 과감한 결단과 행동력을 지닌다.
• Thingking Deeply & Acting Now : 생각은 깊고 행동은 빠르다.

---

[*] [네이버 지식백과] 수퍼리더십(Super Leadership) - HRD 용어사전, 2010. 9. 6., (사)한국기업교육학회

4. 주도권을 장악할 수 있는 리더

• 신속한 결정과 업무 추진으로 주도권을 확보한다.

5. 핵심과제에 집중하는 리더

• 핵심과제에 집중하여 자신의 고유영역과 업무에 대한 인정을 확보한다.

• 고구마캐기식으로 업무를 추진한다.

6. Open Mind형 리더(반대자 포용)

• 개인적, 사적 의사소통을 늘려나간다.

• 필요성과 위기의식 공유로 반대세력을 협조화시킨다.

7. 인적 자산 확충 리더(Human Networking)

• 사내 주요 멤버들과 지속적인 교류를 한다.

• 네트워킹, 또 하나의 리더의 능력을 갖춘다.

• 사외의 유력인사, 관련 전문가들과의 교류를 유지한다.

• 경영대학원 : 가방끈+인맥+실제적/이론적 도움(3마리 토끼 전략)

8. 평생 학습하는 리더(Knowledge Oriented)

• 관련 분야 전문지식 학습(학습인, 학습팀, 학습조직)

• 세상 흐름, 시장과 고객 변화에 대한 정보 취득 및 공유

나는 강의를 하며 리더십을 이야기할 때마다 '자전거 이론'에 대해 이야기하곤 한다. 자전거는 가다가 멈추면 쓰러진다. 자전거에는 앞바퀴와 뒷바퀴가 있다. 앞바퀴가 나아가려는데 뒷바퀴가 따라오지 못하면 자전거는 앞으로 나아갈 수 없듯 기업 역시 사장이 가지고 있는 철학이나 개념 등을 하부 조직과 직원들이 모두 공유하고 같이 나아가야만 한다. 생각이 다른 상태에서 각자 열심히 일

한다는 것은 회사를 망하게 만들기 위해 열심히 일하는 것과 다를 바 없기 때문이다. 자전거 이론은 그래서 중요하다. 자전거는 앞바퀴가 움직이면 체인에 의해 뒷바퀴는 어쩔 수 없이 따라가게끔 만들어져 있다. 기업도 마찬가지다. 앞바퀴인 사장의 움직임에 뒷바퀴가 당연히 그대로 따라오게끔 하는 시스템을 갖추어야 한다.

자전거는 핸들의 움직임에 따라 절벽으로 향할 수도 있고 시궁창으로 갈 수도 있다. 즉 핸들이 중요하다. 기업에서 핸들은 사장을 비롯한 리더들이다. 회사의 의사결정을 좌우하는 사장과 리더가 제대로 된 방향으로 기업을 이끌지 못한다면 결국 앞바퀴와 뒷바퀴 모두 헛고생만 한 셈이 되고 만다.

자전거의 핸들을 잡은 당신은 스스로 수퍼 리더인지 점검하고, 조직을 한 방향으로 정렬하는 데 온 힘을 기울이길 바란다. 지금 당신의 인생에 가장 중요한 것은 바로 '우리 회사의 성공'이다. 이를 위해 자신의 모든 것을 올인할 때다. 그중에서도 '사람'에 집중하라. 유능한 리더를 키워내는 리더가 되어라. 빌 게이츠가 말했다. "똑똑한 사람들을 고용하고 그들에게 무엇을 하라고 지시하는 것은 이치에 맞지 않다. 똑똑한 사람을 고용해 그들이 우리에게 무엇을 해야 하는지를 알려줄 수 있게 하라."라고.

구조조정은 언제 하는 걸까?

· · · · ·

컨설팅을 하러 갈 때 사장들에게 '구조조정은 언제 하는가?'라는 질문을 던진다. 그러면 대부분 '회사가 힘들 때 하는 거 아닌가요?'라고 이야기한다. 하지만 이는 틀린 생각이다. '구조조정'이라고 하면 흔히 회사가 힘들 때 사람을 줄이는 것을 상상한다. 하지만 사람을 자르는 게 구조조정이 아니다. 어떤 직원이 그 자리에 갔는데 달란트가 없다면 빨리 옮겨야지 곪아 터질 때까지 두는 게 맞을까? 이처럼 해당 업무에 더 적합한 사람을 배치하는 것, 그것이 구조조정이다. 그래서 구조조정은 '수시로 하는 것'이다. 보통은 회사가 힘들 때 하는 거라고 생각하지만 상황에 따라 매일 할 수도 있는 게 구조조정이다. 실제로 하림의 경우 보통 1년 만에 해야 할 인사이동을 보름 만에 뒤집는 경우도 있었다.

구조조정의 의미를 잘못 이해함으로써 생기는 문제점은 생각보다 많다. 구조조정이 늦어지면 인력이 낭비된다. 실패한 사람은 용서해도 기회를 놓친 사람, 시기를 놓친 사람은 용서하지 않는다는 신조에 따라 김홍국 회장은 사람이 잘못된 위치에서 역량이 손실되는 것을 절대 그냥 보지 않았다. 그로 인해 수많은 기회가 날아간다고 생각했기 때문이다.

　구조조정에는 사람만 해당하는 게 아니다. 사업의 구조조정도 있을 수 있다. 예를 들어, 안 되는 사업은 접고 새로운 사업에 진출하는 것이다. 또 재무의 구조조정이 있다. 비싼 이자를 싼 이자로 갈아타고, 기존의 납품 거래처를 재검토해 원가가 절감되는 쪽으로 맞추는 것이다. 제품도 마찬가지다. 신제품을 개발했지만 아니라고 판단되면 과감하게 포기하고 바꾼다. 이처럼 모든 분야에 구조조정이 필요하다. 잘되는 걸 잘하게, 안 되는 건 최대한 빨리 정리한다. 사람도 똑같다. 안 맞는 사람은 빨리 바꿔주는 것이다.

　구조조정은 회사가 망할 때, 힘들 때 하는 것이 아니라 조금 과장해서 말하자면 매일 할 수도 있다. 1년에 한 번 한다고 생각하지 말고, 문제가 발생하면 바로 한다고 생각해. 문제가 발생했는데도 정해진 룰, 그동안 해온 습관, 규칙 때문에 미련하게 두면 곪아 터진다. 문제가 있는데도 이것이 드러나는 게 두려워 묻어버리는 일을 방지하고, 모든 직원이 구조조정에 유연하게 대응할 수 있도록 하는 것. 순발력을 발휘해 바로바로 대응할 수 있는 리더들을 키우는 것. 이 모든 것이 경영의 효율을 높이고 매출을 올리는 중요한 전략이다.

Part
03

사장의 촉을 만드는 세 번째 원칙

돈을 읽는 촉

"사람들은 결국 당신이 기록한 숫자만을 기억한다."

– 필 나이트(Phil Knight)

CHAPTER 1

돈은 사장 혼자 버는 게 아니다
직원들을 모두 원가 중심으로 생각하게 만들어라

전에 한 중소기업 컨설팅을 갔다가 분위기가 좋아 뒤풀이를 하게 된 적이 있다. 그날은 직원들 한 사람 한 사람 면담을 하는 날이었는데, 조직 내 분위기도 좋아 간단한 티타임으로 이어지게 된 것이다. 시간이 좀 흐르고 팀장급 몇몇과 앉아 편안하게 이야기를 나누는 분위기가 되었다. 이런 기회가 흔히 오는 게 아니니, 개인적인 것이든 일적인 것이든 편하게 속 이야기를 해보라고 권했더니 대뜸 S팀장이 이렇게 말하는 것이다.

"사실, 우리 회사 제품이 정말 좋긴 하거든요. 저도 쓸 때마다 놀라요. 그런데 한 가지 아쉬운 점이 있다면 가격이에요. 시중가보다 좀 비싸다 보니 가격 저항선이 있는 편이죠."

S팀장의 이야기를 들은 내가 물었다.

"아, 그래요? 가장 잘나가는 게 어떤 제품인가요?"

"L제품인데, 그게 우리 회사에서 가장 오래됐으면서도 메인 상품이죠."

"그렇군요. 소비자가가 얼만데요?"

"비슷한 제품이 보통 100만 원 정도 하거든요. 그런데 우리 제품은 150만 원부터예요."

"아… 그럼, 원가는 얼만데요?"

매우 당연하다는 듯 던진 나의 질문에 S팀장을 포함해 모두 잠깐 정적이 일었다. 그리고 입을 뗀 첫 마디는,

"대략…"

이라는 단어였다. '대략'이라니.

아마 이 이야기를 듣는 사람들은 '설마' 하고 고개를 저을지도 모른다. 어떻게 팀장이나 되어서 제품의 원가도 모를 수가 있냐는 것이다. 혹은 어떤 사장은 '아마 우리 직원도 모를 거야.' 하는 생각이 들 수도 있다. 내 경험상으로는 전자보다 후자가 많다. 강의를 할 때든 컨설팅을 할 때든, 조직원들이 '원가 개념'을 갖고 있는 경우는 그리 많지 않았다. 특히 중소기업 직원들은 실제로 원가 개념이 거의 없을뿐더러 알고 싶어 하지도 않는다. 왜 이 가격이 측정되었는지, 얼마에 팔면 얼마가 남는지… 나는 회계팀이 아니라서, 마케팅팀이 아니라서 등의 이유로 몰라도 된다고 여긴다. 그러나

직원들이 '원가 개념'을 가지지 않으면 사장 혼자 아무리 열심히 뛰어도 그 회사는 성공할 수 없다.

제품의 가격은 어떻게 결정되는가?

● ● ●

S팀장에게 물어볼 다음 질문은, "그 가격은 어떻게 책정되었나요?"였다. 모든 회사는 그 회사 나름대로의 가격전략을 가지고 있다. 판매에 있어서 가격은 전략이다. S팀장은 자신의 제품을 "비싸다."라고 표현했는데, 예상컨대 그 팀장은 원가는커녕 그 제품의 가격이 어떻게 책정되는지도 모를 가능성이 크다. 모든 기업에는 자신들이 파는 제품과 서비스에 대한 가격전략이 있다. 보통 가격전략이라고 하면 가격관리와 혼동하는 경우가 있는데, 이 둘은 엄연히 다르다. 사장은 물론 모든 조직원은(어느 부서와 상관없이) 이 둘의 차이와 함께 우리 회사의 제품이 왜 그 가격으로 결정되었는지 알고 있어야 한다. 만약 모르고 있다면 학습을 통해서라도 알게 해야 하는 것이 가격과 관련된 것이다.

먼저, 가격전략은 앞에서 말한 대로 '우리 제품의 가격 결정'에 대한 것이다. 예를 들어, 책을 파는 출판사가 있다고 하자. 이번에 300페이지짜리 이기왕 저자의 저서를 제작하게 되었는데 그 책의 가격은 얼마로 책정해야 할까? 출판사 대표가 회의 때 이야기한다.

"이 정도 책이면 다른 회사는 보통 얼마야?"

"경제경영서 보는 사람들은 좋은 책에 돈을 안 아끼니까 가격저항선이 낮겠지?"

"권당 단가가 얼마고, 공급가가 얼마니까 최소 이 정도는 매겨야 하지 않을까?"

즉, 가격전략 결정 정책에는 3가지 기준이 적용된다. 경쟁사, 목표고객, 제조원가. 잘 만들어진 물건도 가격의 차이 때문에 때때로 성패가 나뉘기도 한다. 그래서 '전략'이라는 말이 붙는다. 우리 회사 제품을 프리미엄 급으로 올리는 동시에 가격도 올려서 목표 대상을 VIP로 놓고 팔 것인지, 아니면 젊은이들을 대상으로 낮은 가격에 매리트를 둔 전략을 펼칠 것인지… 중요한 것은 가격전략은 경쟁사, 목표고객, 제조원가 등을 정확히 알지 못하면 결정할 수 없다는 것이다. 관련자뿐 아니라 한 회사의 조직원이라면 우리 회사 제품에 대한 가격전략에 대해 꼼꼼하게 알고 있어야 한다.

더불어 가격관리란 회사의 장단기적 이윤을 극대화하고 시장 점유율 향상, 판매 촉진 등을 위해 거래처별, 제품별, 상황별로 가격을 관리하는 것을 의미한다. 가격을 관리할 때 역시 우리 제품의 원가를 알아야 한다. 또한 제품의 수요, 경쟁 상황 역시 꿰고 있어야 한다. 가격관리를 하는 목적은 변화하는 시장에 대응하기 위해서다. 시간별, 시기별, 제품별로 가격관리 정책은 바뀔 수 있다. 호텔이나 항공사는 각각 정해진 입장료나 티켓 가격이 있지만, 비수

기와 성수기 때 가격이 달라진다. 좀 더 효율적인 고객유치를 위해서다. 단, 가격을 내려야 할 일이 있을 때는 그 목적을 분명히 해야 한다. 시장점유율을 확장하거나 1위를 유지하기 위해? 신제품을 론칭하기 위해? 경쟁사에 대응하기 위해? 재고 처리를 위해? 등 이 부분 역시 전 직원이 알고 있어야 한다.

사장들에게 "왜 좋은 직장 그만두고 회사를 차렸느냐?"라고 물어보면 대부분 "돈 많이 벌려고요."라고 대답하면서, 정작 돈과 관련된 부분은 잘 챙기지 않는다. 어떤 사장은 자신이 만드는 제품에 자부심을 갖고 있고 좋은 제품으로 경쟁사들을 이기고 싶다는 열망을 품으면서도 정작 그 제품을 얼마에 팔고 얼마의 이익을 남길 것인지에 대한 계획, 즉 가격전략과 관리에 대해서는 신경 쓰지 않는 것이다. 그런 사장 밑에 있는 조직원들은 두말할 것도 없다. 정말 열심히 했는데 남는 게 하나도 없다고 말하는 사장들을 볼 때마다 이 부분을 다시 점검하라고 이야기하는 이유다.

원가를 모른다는 것은 손해 보는 장사를 하는 것과 같다

● ● ●

한번은 하림에 있을 때 납품가 책정을 할 일이 있었다. KFC는 당시 하림의 가장 큰 고객 중에 하나였는데, 닭고기 생산원가가 오르다 보니 납품가를 올려야 할 상황이 온 것이다. KFC는 하루에 닭을 5만 마리도 넘게 가져가는 주요 고객이었는데, 우리가 올린 납품가를 받아들일 수 없다고 되돌아왔다. 올린 가격에서 10원을 떨어뜨려 달라는 게 그쪽의 요구였다. 나는 생각했다.

'10원 정도면 괜찮을 것 같은데? 그렇게 큰 금액도 아니고.'

하지만 아무리 결재를 올려도 재가가 나지 않는 것이다. 남는 게 없는데 뭘 깎아주느냐는 게 이유였다. '남는 게 있을 것 같은데?' 하면서 회장실을 찾아간 나는 더 끌 것 없이 10원 정도면 되지 않겠냐고 이야기했다. 거기다가 "10원 안 깎아주면 거래를 자른다는데요?"라는 말까지 덧붙였다. '이 정도면 받아들이겠지.' 하는 생각으로 말이다. 나를 씨익 쳐다보던 김홍국 회장은 단 네 글자로 답했다.

"안 됩니다."

자리로 돌아온 나는 '10원 가지고 왜 이리 깐깐하게 그러지.' 하며 씩씩대고 있었다. 그때 본사에서 전화가 왔다.

"상무님, 잠시 내려오십시오."

내려가니 사육 원가담당 차장이 나를 기다리고 있었다. 회장님의 지시사항이라고 하면서 나를 데려간 곳은 교육장. 나는 그곳에 앉아서 2시간 동안 철저하게 원가교육을 다시 받았다. 다름 아닌 닭 한 마리를 키우는 데 들어가는 모든 비용과 그 과정에 대해서였다. 달걀에서 병아리가 되고, 병아리에게 사료를 얼마나 먹여야 하며, 그 과정에서 일어날 수 있는 리스크, 그리고 판매를 할 수 있는 건강한 닭이 될 때까지… 왜 지금 현재 책정된 값을 받을 수밖에 없는지에 대한 교육이었다. 교육이 끝난 후 나는 KFC 담당자를 만나서 말했다.

"10원은 절대 깎아줄 수 없을 것 같습니다."

결국, 5원을 깎는 것으로 협의를 보고 거래는 마무리되었다. 그때 내가 받았던 영감은 조직원이 원가에 대한 개념을 모르고 있으면 안 된다는 단순한 문제가 아니었다. 김홍국 회장은 나를 불러 구구절절 혼을 내는 대신, 원가 개념에 대해 명확히 알도록 훈련했다. 내가 모르면 내 밑에 있는 사람 모두 줄줄이 모를 것은 당연하고, 내가 알아야만 내 밑에 있는 사람에게 알려줄 수 있다는 생각에서였다. 그렇다면 이 질문에 답해보자.

> 우리 제품의 원가 개념을
> 알아야 하는 직원은 어디까지인가?

지금 이 질문의 답변에 대해 고민하고 있다면 이 챕터의 처음으로 다시 돌아가길 바란다. 고민 자체가 틀린 답이기 때문이다. 정답은 '전 직원'이다. 사장은 자신이 알고 있으니 직원들도 으레 알 것이라 생각하지만, 한번 점검해보라. 아마 대부분 "그런 건 대표님이

나 회계 담당자만 알고 있으면 되는 거 아닌가요? 우린 열심히 시키는 일 하고 있는데."라고 대답할 것이다. 이런 경우, 원가 개념은 커녕 매출과 수익을 구분하지 못하는 경우도 허다하다. 그러니 매출이 많이 났어도 남는 게 없어서 골머리인 사장을 보며, "우리 사장은 회사가 이렇게 돈을 벌었는데도 돈돈 하는 욕심쟁이네."라고 욕하는 일이 빈번하게 일어나는 것이다.

회사의 매출, 그리고 수익에 대한 개념, 특히 원가에 대한 개념은 반드시 전사적으로 교육시켜야 한다. S팀장이 자기 회사의 주력 상품인 L제품이 만들어지는 과정과 그 과정에 소요되는 비용, 그리하여 최종적으로 그 가격이 측정될 수밖에 없는 히스토리와 함께 가격전략을 모르고 있다는 것은 지금 당장은 제품이 좋아 매출이 올라갈지 모르나 결국 문제 앞에 부딪히게 될 것임을 예고한다. 가격 관리가 되지 않아, 흔히 하는 말로 앞으로 벌고 뒤로 밑지는 상황이 될 것이 뻔하기 때문이다.

중소기업 사장들을 만나면 나는 "직원들에게 원가 교육을 철저하게 시키고 있느냐?"라고 반드시 묻는다. 이 개념이 없으면 손해 보는 장사를 하지만, 반대로 이 개념을 알게 되면 일에 대한 접근이 달라지고, 모든 조직원이 한 방향 정렬이 된다. 나 역시 내가 회사에 대해 잘 알고 있고, 우리 제품에 대해서도 잘 알고 있다고 생각했지만 디테일하게는 모르고 있었던 게 사실이다. "임원이 되어서 그것도 모르는가!"라고 호통칠 법한 상황이었는데, 교육으로 인사이트를 준 김홍국 회장의 방식 또한 참으로 지혜로웠다 여겨진다. 교육을 받고 나니 나중에 5원을 깎으면서도 아까워서 잠이 오질 않았고, 지금도 어딜 가나 '원가'부터 따지는 것이 체질이 되었다.

호환마마보다 무서운 것이 고정비

● ● ○

사장이라면 원가와 함께 빼놓지 않고 인지해야 할 것이 바로 고정비와 변동비의 개념이다. 이는 곧 원가 개념과 직결된다. 따라서 직원들 역시 같이 인지해야 하고, 모른다면 교육을 통해 철저하게 학습해야 한다.

고정비와 변동비의 개념에 대해서는 대부분 잘 알 것이다. 일의 효율과 상관없이 일정 금액이 계속 나가는 것을 고정비라고 한다. 20명이 근무하는 사무실을 얻었는데 5명만 근무해도 사무실 월세는 똑같이 나간다. 이 고정비는 회사를 운영하기 위해 반드시 나가야 할 돈이라고 인지하기 마련이다. 매출이 나지 않는데도 고정비를 감당하기 위해 월말이면 허덕이는 중소기업 사장들을 보는 일은 매우 익숙하다. 회사 수익이 잘 나오고 문제가 없는 상태라면 모르겠지만, 그렇지 않은 경우에는 더더욱 타이트하게 관리해야 하는 것이 바로 고정비다. 필요할 때마다 써도 되는 비용을 변동비라고 한다면, 고정비를 점검하고 또 점검해서 변동비화하는 것은 회사의 수익률을 높이기 위한 중요한 전략 중 하나다.

예를 들어, A라는 회사에 법무팀이 있다고 하자. 중견기업일 경우 거래 관계에 따른 일이라든가, 재판 등의 일이 많아서 법무팀이 필요하지만, A에서 법무팀이 필요할 경우는 1년에 손에 꼽힐 정도다. 사장은 미리 문제에 대비하기 위해 법무팀을 마련했다고 하지만, 나라면 이 고정비를 변동비화해서 필요할 때 그때그때 법률 전문가를 섭외하여 일을 진행토록 할 것이다. 한 예를 들었을 뿐이지만, 가만히 살펴보면 고정비를 변동비화할 수 있는 사례는 많이 있다. 현재 회사의 매출과 수익 상황은 어떠한지, 향후 몇 년간의 플랜을 보았을 때 어떻게 하는 것이 효율적일지 대표자와 전문가, 그리고 임원이 머리를 맞대고 고민해야 한다. 고정비를 '호환 마마보다 무섭다'라고 표현하는 것은, 회사가 잘 돌아가지 않을 때 고정비 때문에 결국 어려움을 극복하지 못하고 무너지는 경우가 많기 때문이다. 고정비와 변동비의 개념을 인지하고, 현재 지출되는 비용 중 상황에 맞게 조절할 수 있는 부분이 없는지에 대해 상시 검토하고 반영해야 한다.

고정비와 변동비에 대한 부분은 큰 그림에만 해당하지 않는다. 직원들에게도 이 부분에 대한 교육을 항상 해야 한다. 조금만 인식을 바꾼다면 새는 돈을 막을 방법은 많다. 하림의 경우 매우 작은 부분에서까지 고정적으로 나가는 비용이 없도록 관리했는데, 직원들 전체가 이 부분에 대한 확실한 교육이 되다 보니 너나 할 것 없이 아이디어를 내고 몸으로 직접 실천하는 것이 조직의 문화로 자리 잡았다. 예를 들어, 하림의 경우 공장이 매우 큰데, 복도에 있는 형광등 라인의 온오프 스위치를 두 개로 만들어서 전기세를 절약했다. 사람이 별로 없거나 지나다니기만 하면 될 때는 둘 중 하나만 켜서 비용을 절약한 것이다. 공장이 워낙 크다 보니 연 단위로 하면 이 작은 아이디어로 인해 줄일 수 있는 비용이 꽤 됐다.

이뿐이 아니다. 여직원 화장실에는 에티켓 벨을 설치해 물을 두세 번 내리는 일을 막았고, 담당을 정해 혹시 켜져 있을지 모를 컴퓨터 전원을 끄고 퇴근하게 했다. 필기도구는 반드시 리필용을 사용했고, 밥을 먹을 때 잔반을 없애기 위해 '잔반통 없는 날'을 만들기도 했다. 잔반을 남기게 되면 주머니에 넣고 가야 하니 미리 먹을 만큼만 뜨게 된다. 창고에 수십 벌씩 쌓여 있던 작업복도 깨끗하게 세탁해서 두었다가 신입이 들어오면 새로 맞추는 비용을 덜었다. 퇴사하는 직원이 놓고 간 노트북은 방치되지 않도록 담당자가 잘 포맷해두었다가 반드시 다시 사용될 수 있도록 했다.

이런 노력은 별 것 아닌 듯 보이지만, 전 직원이 이런 의식을 갖고 고정비를 최소화하기 위한 노력을 들인다고 해보자. 얼마나 많은 고정비가 절약될 것인가? 앞에서 말한 '원가'라는 것은 물건 하나를 만드는 데 들어가는 재료비만을 의미하지 않는다. 회사를 유지하기 위해 들어가는 모든 비용이 '원가' 개념에 포함된다. 따라서 이렇게 고정비를 줄이려는 노력은 곧 원가 개념과도 직결된다. 이런 개념을 장착하고 있으려면 조직문화에 대한 한 방향 정렬이 반드시 이루어져야 하며, 회사의 모든 물건이 곧 '내 물건'이라는 의식이 자리 잡을 정도로 훈련되어 있어야 한다.

나는 자주 그런 말을 한다.

"밖에서 5% 이익을 더 내기 위해서는 피나는 노력을 해야 하지만, 안에서 5% 새는 비용을 줄이는 건 땀나는 노력만 하면 된다고. 생각을 바꾸고 조금만 부지런해지면 된다."

월급을 받고 일하는 직원들이 사장과 똑같은 생각을 할 것이라 착각하면 안 된다. 같은 생각을 할 수 있게 되기까지는 많은 시간과 노력이 필요하다. 한 방향으로 정렬되기 위한 끝없는 학습과 훈련 없이는 불가능하다. 열심히 일하려고 하는 직원에게 돈 문제로 스트레스 주고 싶지 않다는 사장을 볼 때 깊은 한숨을 쉬게 된다. 뒤에서 이야기하겠지만, 결국 회사가 부유해지지 않으면 직원은 회사를 떠날 수밖에 없다. 열심히 일해도 대가가 주어지지 않는 회사에 오래 붙어 있을 직원은 없다. 우리가 지금 얼마를 벌고 있으며 앞으로 얼마를 벌어야 하는지에 대해서 스스로 인식하고 달릴 수 있게 한다면, "회사가 힘들다."라고 호소하기 전에 직원들이 알아서 원가를 절감하고 매출을 올리기 위한 계획을 짤 것이다. 돈을 벌고 싶어 차린 회사에서 돈을 챙기지 않는 것은 어불성설이다. 사장은 일을 하기 위해서가 아니라 돈을 벌기 위해서 존재한다는 사실을 잊지 말라.

중소기업이 빨리 망하는 이유 3가지

3M(Money, Men, Marketing)을 관리하지 못하면 망한다

• • • • •

'사업이란 무엇인가'를 이야기할 때 나는 항상 3가지 능선에 대한 이야기를 한다. 쉽게는 '중소기업이 빨리 망하는 이유 3가지'라고 말하기도 하는데, 모든 기업은 이 3가지 능선을 통과하지 못하면 결코 성공에 이를 수 없다.

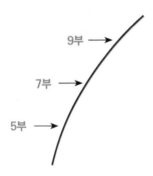

사업은 등산에 비유할 수 있다. 정상에 올라가는 것이 목표라면 우리는 항상 3개의 고비를 만나게 된다. 그 첫 번째가 바로 '돈(Money) 능선'이다. 그림에서 보듯 5부에서 만나게 되는 능선이 돈인데, 적은 자본으로 어렵게 시작해 운 좋게 작은 성공을 거두었지만, 다음으로 도약하는 과정에서 한계에 부딪힐 수 있다. 또 겉으로 보기에는 높은 매출로 그럴듯한 성공을 거두었지만, 내실이 없어 위기를 맞는 경우도 생각보다 많다. 세금에 대해 무지한 상태이거나 혹은 관리가 잘못되어 폭탄을 맞고 한 번에 무너지는 경우도 많다. 계속되는 경영난으로 쪼들려 포기 직전에 이르는 경우도 부지기수다.

이 고비를 잘 넘긴다면 그다음 7부 능선에서 찾아오는 것이 바로 '사람(Men)' 문제다. 사람 문제는 한 번에 갑자기 터지는 게 아니다. 늘 도사리고 있으며 어디서 터질지 모르는 게 사람 문제이므로, 사업의 시작부터 잘 관리해야만 한다. 파트2에서 자주 언급했던 것처럼 우리 회사가 꿈터, 잼터, 끈터가 맞는지 확인하면서 디테일하게 한 사람 한 사람 챙기는 것이 바로 사장이 해야 할 역할이다. 서로 소통이 되지 않아 사장과 직원 혹은 직원 간에 동상이몽하는 일을 줄이고, 모든 직원이 자신의 달란트대로 최고의 역량을 발휘하는 유능한 직원이 되도록 하는 것, 그것만이 사람으로 인한 고비를 넘길 유일한 방법이다.

마지막으로 늘 모든 회사의 최고 고비로 실패에 이르게 하는 것, 즉 9부 능선에서 회사의 발목을 잡는 것이 바로 '마케팅(Marketing)'이다. 《이기는 습관》의 저자는 "CEO에서 말단 직원에 이르기까지, 기획·제조부서에서 매장의 판매사원에 이르기까지 철저히 고객 중심의 사고로 무장하고 체화된 마케팅적 사고로 똘똘 뭉쳐야 한다."라고 강조했다. 좋은 제품을 만들었다고 해서 팔리는 시대는 지났다. '누구'에게 우리의 제품을 사게 만들 것인가? 전 직원이 고객의 마음을 훔치고 그들의 지갑을 열게 만들기 위해 고민한다면, 그 회사는 9부 능선을 무난하게 통과할 수 있다. 하지만 마케팅에 주력하지 않는 회사는 반드시 9부 능선에서 길을 잃고 만다.

CHAPTER 2

직원들의 월급은 누가 주는가?

고객 중심의 사고를 하게 만들어라

H사에 가니 직원들이 모여 있었다. 며칠 전 사장과의 면담이 끝나고 직원들과 면담을 진행하던 중이었다. 전체 교육이 필요할 듯하여 직원들을 모아놓고 앞에 서서 이런 질문을 던졌다.

"한 가지 질문이 있습니다. 여러분의 월급은 누가 줍니까?"

한 사람을 지목하자 "그야 당연히 사장님이 주시죠." 하고 웃는다. 내가 고개를 갸웃하며 또 다른 사람에게 물어보니 이렇게 대답한다. "경리과 박 주임이요?" 그 사람의 대답에 모두 소리를 내어 웃었다. 내가 바로 대답하기를 머뭇거리며 둘러보았지만, 누구도 정답을 말하지는 못했다. 내가 이어서 말했다.

"사장님이 월급을 주시니 사장님 눈치 많이 보이겠네요? 사장님한테 잘해야겠죠? 그래야 급여도 올려주잖아요."

그러니 모두 "네! 맞아요!" 하고 대답했다. 나는 미소를 지었지만, 바로 말을 돌려 얘기하자 모두 진지한 분위기가 되었다.

"여러분의 월급은 고객이 줍니다."

그리고 바로 이어서 질문했다.

"그렇다면 사장의 눈치를 보아야 할까요, 고객의 눈치를 보아야 할까요?"

그러자 모두가 고개를 끄덕이며 강의를 듣기 시작했다.

이 내용은 실제 컨설팅에서 몇 차례나 있었던 일이다. 실제로 직원의 월급은 사장도, 경리과 주임도 아닌 고객이 준다. 그러나 사장이 누구인지는 알지만 고객이 누구인지는 모르고, 사장이 좋아하는 음식 메뉴는 알지만 고객이 좋아하는 메뉴는 모른다. 월마트의 창립자 새뮤얼 월튼이 말하지 않았던가. "우리의 보스는 단 한 사람, 바로 고객뿐이다."라고. 나는 자주 이야기한다. 목숨 걸고 사랑하는 사람에 대해 아는 만큼만 고객을 안다면 반드시 성공한다고. 우리는 사랑하는 사람이 어떤 컬러를 좋아하고 이상형이 무엇이며 좋아하는 음식이 무엇인지, 나의 어떤 점을 좋아하는지 또 싫어하는지 모르는 게 없다. 다 알고 싶고 관심이 가고 그래서 관찰하고 또 물어본다. 자기도 모르게 자꾸만 자꾸만 그렇게 된다.

우리 회사에 이익을 주는 원천은 고객이다. 그렇다면

우리 고객이 왜 우리 물건을 살까?

어디서 살까?

우리 물건에 대해 어떻게 생각할까?

만족스러운가, 아닌가?

고객은 우리에게 어떤 제품을 원할까?

등에 대해 끊임없이 고민하고 관찰하고 물어보아야 한다. 이것이 바로 마케팅이다. 거창하고 어려운 용어들을 몰라도 '고객'이 원하는 것에 초점 맞추는 것이 곧 마케팅이라는 사실을 기억하면 된다.

고객, 그들은 누구인가?
무슨 생각을 하고 있는가?

● ● ●

마케팅 첫 수업 시간에 주로 듣게 되는 말이 있다. 바로 '마케팅의 시작과 끝은 고객이다.'라는 말이다. 고객이 없으면 회사는 존재하지 않는다. 우리에게 월급을 주는 존재는 고객이지만, 언제든 떠나버릴 수 있는 것이 바로 고객이다. 어제의 고객은 언제나 떠난 고객이므로 날마다 다시 고객을 맞을 준비를 해야 한다. 언제든 내 통장을 0으로 만들 수 있는 게 바로 고객이란 뜻이다. 따라서 모든 조직원은 자신이 하는 일의 시작도 고객, 끝도 고객이라고 생각할 수 있어야 한다. 그러나 AI도 모르는 것이 고객의 마음이다. 우리가 고객의 생각을 알 수만 있다면 수백 가지 마케팅 전략이 왜 필요하겠는가. 오래전 영화 〈왓 위민 원트(What women want)〉에서처럼 그들의 속마음이 다 들린다면 모르겠다. 하지만 그런 일은 앞으로도 일어나지 않을 것이다.

구글은 빅데이터를 이용해 누가 고객인지, 또 누가 핵심 고객인지, 어떤 고객이 떠나갔는지, 어떤 고객이 새로 유입되었는지, 그 고객이 무슨 생각을 하고 있는지 예측하는 마케팅의 끝판왕이다. 이러한 빅데이터를 이용하는 것은 현대에 와서 매우 중요한 마케팅의 일부가 되었다. 그러나 이러한 빅데이터를 활용하더라도 여전히 고객의 마음을 완전히 파악하기란 쉽지 않다. 아무리 불황이라 하더라도 팔리는 물건은 꼭 팔리고, 예상치 못한 무엇에 꽂혀 지갑을 열기 일쑤다. 품질, 편의성, 브랜드, 트렌드, 충동구매… 그들의 지갑을 열게 하는 데 미치는 요소가 무엇인지 알기 위해서는 빅데이터를 활용함은 물론, 소비자의 구매 행동 프로세스를 이해해야 한다.

하림의 경우 아래와 같이 고객을 세세하게 분류하고 분석했다.

우리 고객은 누구인가?

- 내부 고객은 누구인가? 외부 고객은 누구인가?
- 핵심 고객은 누구인가?
- 최종 소비자는 누구인가?
    - 잠재성 분류 : 현재 고객, 가망 고객, 잠재 고객, 미래 고객
    - 수익성 분류 : CRM에서 분류하는 고객
    - 고객 활동에 의한 분류 : 활동 고객, 수면 고객, 문제고객, 옳은 고객, 블랙 컨슈머
- 누가 구매 결정에 참여하는가?
- 어떻게 구매 결정을 하는가?
- 언제 구매 결정을 하는가?
- 언제 구매 준비를 하는가?
- 어디서 구매하기를 선호하는가?

이렇게 우리 제품을 원하는 고객의 니즈를 정확하게 파악하고, 이를 바탕으로 제품을 기획하고 가격을 측정하며 홍보와 마케팅 전략을 펼쳐나가야 한다. 만약 조직원들이 고객에 대한 개념이 없는 상태에서 일만 하고 있다면, 그 회사에서 만들어내는 제품이 고객과 만나는 일은 쉽지 않을 것이다. 마케팅의 핵심은 제품이 아니라 고객가치를 보는 것이다. 즉, 소비자의 욕구를 만족시키고, '필요(needs)'를 넘어 그들이 '원하는(wants)' 것으로 구매까지 연결될 수 있는 제품을 만들어야 하는 것이다. 그러려면 그들이 어떤 브랜드를 좋아하고 어떤 물건을 사고 싶어 하는지에 항상 깨어 있어야

한다. 일반 제품보다 가격은 좀 비싸지만 전 세계 멸종 동물을 지킨다는 메시지를 담은 양말이 잘 팔리는 것을 본 적이 있다. 회사가 판매금의 일부를 기부함은 물론이다. 이 양말을 사는 고객은 자신이 환경을 지키는 데 일조했다는 사실을 뿌듯하게 생각함은 물론, 멋진 경험이라고 여기게 된다. 동시에 제품의 퀄리티까지 훌륭하다면 충분한 만족감을 느끼며 재구매로 이어진다.

고객은 단순히 필요에 의해 물건을 구입하는 존재가 아니다. 우리 역시 그러지 않던가. 특히, 많은 시간과 고민을 들여 구매하게 되는 고관여 제품일수록 더욱 그렇다. 또한 우리에게 충분한 만족감을 안겨준 제품이라면, 그래서 매우 행복한 경험을 하게 해준 제품이라면 반드시 다른 사람에게도 추천하게 된다. 세스 고딘이 그러지 않았던가. "충성고객이 우리 물건을 팔게 하라."라고. 충성고객은 우리 회사의 영업사원보다 훨씬 영향력 있는 영업사원이 된다. 내가 하면 자랑이 되고 남이 해주면 홍보가 되므로, 그들이 퍼뜨리는 긍정적 평가는 큰돈을 들여도 살 수 없는 최고의 홍보가 되는 것이다.

어떻게 찐고객을 찾아낼 것인가? = 어떻게 성공할 것인가?

● ● ○

항상 새로운 것, 다양한 것을 요구하는 소비자는 평소 다양한 의사결정 과정을 거쳐 이성적으로 생각한 후 합리적인 가격을 지불하고 구매하는데 이를 통상 커스터머(Customer)라고 한다. 그런데 특정 제품이나 브랜드에 소비가치를 둔 제품을 구매할 때는 묻지도 따지지도 않고 바로 구매하는(평소에는 가격과 성능, 브랜드를 꼼꼼하게 따지지만), 즉 소득수준이나 제품가격에 관계없이 자신이 가치 있다고 느끼거나, 마음에 드는 제품이 있으면 아낌없이 돈을 쓰는 소비자를 엠비슈머(Ambisumer), 빌리버(Believer) 혹은 마니아(Mania)라고 한다. 예를 들어 면세점에서 명품은 묻지도 따지지도 않고 바로 구매하거나, 원룸에 살면서 몇 천만 원짜리 침대를 주저 없이 사기도 하고, 지하 단칸방에 살면서 스포츠카를 몰고 다니는 소비자들을 뜻한다.

기업 입장에서는 수십만의 불특정 커스터머를 대상으로 마케팅을 하기보다는 내 제품이나 서비스에 소비가치를 느끼고 열광하는 소수의 엠비슈머가 더 중요할 것이고, 우리 제품에 높은 소비가치를 느끼는 엠비슈머를 찾아내어 좁고 깊게 타깃팅할 수 있다면 훨씬 적은 마케팅 비용으로 높은 효과를 낼 수 있을 것이다. 최근 명품들이 가격을 올려도 줄을 서서 사는 현상을 '베블런 효과'라고 하는데 결국 가격을 아무리 올려도 살 사람은 산다는 걸 잘 보여준다. 이러한 숨은 엠비슈머를 찾기 위해서는 고객 데이터가 필요하고 그러한 빅데이터를 가공하여 과학적이고 효율적인 마케팅 전략이 가능해지는 것이다.

물론, 기업 입장에서는 모든 고객이 다 필요하지만, 그중에서도 묻지도 따지지도 않고 '우리 제품'이라고 하면 무조건 사주는 팬과 같은 고객, 요즘 말로 '찐팬'에 집중하는 건 기업 입장에서는 매우 중요하다. 하림 역시 5,000만 인구 중 10만 명의 찐팬을 만들겠다는 의지로 시작했고, 이러한 마이크로 마케팅 전략은 결국 성공을 이뤘다.

사장은 나의 현재 고객, 잠재 고객, 가망 고객 등 모든 고객을 파악하는 동시에 이 중에서 찐고객을 어떻게 찾아낼 것인지 고민해야 한다. 나아가 찾아냈다면 그들을 어떻게 관리할 것인지 더 심도 있는 고민을 해야 한다. 골프를 칠 때 홀에 따라 채를 바꾸듯 고객 역시 그 대상에 따라 달리 관리해야 한다. 모든 고객을 똑같이 관리하는 건 하수들이나 하는 것이다. 우리 회사의 모든 고객을 파악하고 그 각각의 특성에 맞춰 관리에 들어가는 것 또한 마케팅의 중요한 포인트다. 지금 우리 회사의 찐고객이 200~300명이라면 그들을 집중해서 관리해라. 그들이 새끼를 쳐서 우리 회사를 살릴 것이다. 그들이 지갑을 열어야 사장도 직원도 월급을 받을 수 있다.

사장의 점심 메뉴보다 더 잘 알고 있어야 할 것이 우리 고객의 마음임을 잊어선 안 된다.

알아두면 유용한 고객의 속마음

- 다른 것과 비교하고자 하는 심리
- 남보다 우월해지고 싶은 심리
- 자신이 좋아하는 사람을 모방하고 싶은 심리
- 보상받기를 원하는 심리
- 인정받고자 하는 심리(SNS에서는 공감받고자 하는 심리)
- 일관성을 유지하려고 하는 심리
- 새로운 것을 알고 싶어 하는 심리(얼리 어답터/마니아)
- 남의 간섭을 싫어하는 심리

CHAPTER 3

좋은 사장의 조건

"사장님, 우리 회사의 올해 이익은 얼마인가요?"

된 사람, 든 사람, 난 사람이라는 말이 있다. 된 사람이란 됨됨이가 된 사람을 의미하고, 든 사람이란 똑똑한 사람을 의미하고, 난 사람은 성공한 사람을 의미한다. 그렇다면 한번 대답해보자. 보통 회사에서 직원들이 "우리 사장 정말 좋아요."라고 할 때 그 사장은 이 셋 중 어디에 해당할까? 단 하나만 골라야 한다면 말이다.

된사장, 든사장, 난사장

● ● ●

된 사장도 좋은 사장이다. 직원들의 말에 귀를 기울이고 언제나 소통의 중심에 서서 조화로운 분위기를 유도한다. 성품이 좋고 인격이 훌륭해서 조직의 분위기를 훈훈하게 만드는 사장이란 얼마나 좋은가. 그런 사장은 늘 인기도 많고 직원들의 중심에 선다. 든 사장도 좋은 사장이다. 무지한 사장은 직원들로부터 가십거리가 되기 일쑤며, 소통을 불통되게 만들어 분위기를 흐린다. 똑똑한 사장은 직원들의 존경과 동경을 받는다. 그러나 슬프게도 이 둘 다 내 질문에 정답은 아니다. 좋은 사장이란 똑똑한 사장도, 인간적인 사장도 아닌 '유능한' 사장이다. 직원들에게는 좋은 기업이 아니라 성공한 기업이 필요하다. 사장이 싫어서 회사를 떠나는 경우보다 회사가 망해서, 돈을 많이 안 줘서 회사를 떠나는 경우가 더 많다.

결국 '난 사장'이 좋은 사장이다. 회사를 성공시키는 유능한 사장 말이다. 나는 '하림'을 '친정'이라고 말하고 다니는데, 회사에 다닐 때를 떠올려보면 '우리 회사에 다니려면 맷집도 좋아야 하고 멘탈도 강해야 한다.'라고 생각할 정도로 모든 면에서 타이트했다. 김홍국 회장의 최대 관심은 '성공'에 있었고 그에 따라 모든 직원은 회사의 성공을 향해 열정적으로 달려야 했다. 작은 것 하나 쉬이 넘어가는 법이 없었고, 결재 하나 쉽게 떨어지지 않았고, 낮밤도 없이 공부하고 배운 것을 다른 직원들에게 다시 재분배하며 쉴새 없이 뛰었다. 그리고 지금 돌이켜보면 그렇게 고군분투한 시간들이 지금의 나를 만들었다고 여겨진다. 뭘 하든 디테일하게, 무엇을 하든 될 때까지 하고야 마는 멘탈과 일 근육을 만들어준 것이다. 그리고 그런 나의 친정 회사가 승승장구하니 어깨에 힘이 들어가고 기분이 좋다. 좋은 게 좋은 것, 편하고 만만하게 다녔던 회사가 잘 안 되고 망했다면 불명예스럽고 마음도 안 편했을 것이다.

사업을 성공시키기 위한
Key Factor를 실행하라

● ● ●

유능한 사장은 성공을 공부하고 돈을 버는 것을 최우선 목표로 둔다. 좋은 사장이 되고 싶은 열망보다 유능한 사장으로 기업이 생존하고 경쟁에서 이기며 궁극적으로 부유한 회사를 만드는 것을 더 중요하게 여긴다. 젊은 스타트업 사장들에게 '좋은 회사'가 무엇인지 물어보면 복지가 좋은 곳, 스톡옵션, 자유로운 분위기 등에 대해 이야기한다. 그러나 이 모든 것도 재원이 있어야 가능하다. 종종 이렇게 좋은 회사를 만들기 위해 빚을 얻는 모습도 보게 되는데, 당장 코앞만 바라본 위험한 선택이다. 직원들이 원하는 '좋은 회사'의 요건은 회사의 성공에 따라 조금씩 쌓아나갈 수 있다. 하지만 돈을 버는 기회를 잡고 계획을 짜고 실행하는 건 회사의 최우선적 목표로써, 기업의 시작부터 적용되어야 한다. 결국, 직원이 생각하는 좋은 회사와 사장이 생각하는 좋은 회사는 다를 수밖에 없다. '사람 관리' 편에서도 이야기했지만, 사장이 욕먹지 않기란 힘들다. 욕은 먹더라도 "사장님, 올해 우리 회사의 수익은 얼마인가요?"를 물었을 때 당당하게 대답하고 인센티브를 얹어줄 수 있는 사장이 되어라. 퇴사한 직원이 회사의 성공을 보며 어깨에 힘을 주고 다닐 수 있을 정도가 되면 더없이 좋을 것이다. 사장이 어깨에 힘을 주고 다녀야 할 때는 사장이 직원들에게 잘해주는 것이 흐뭇할 때가 아니라, 직원이 스스로 잘나가는 회사에 다니고 있다는 자부심을 가질 때다.

사장이 돈에 민감한 것은 흠이 아니다. 사장이 깐깐한 것은 흠이 아니다. 사장이 성공에 욕심을 품는 것은 잘못된 일이 아니다. 사장이 기업의 생존을 그 무엇보다 우선시하는 것은 절대 문제가 아니다. 사장이 자나 깨나 '어떻게 경쟁사를 이길까?' 고민하는 것은 그 무엇보다 당연한 일이다. 좋은 사장은 유능한 사장이다. 그러니 오늘부터 생각을 바꿔라. '어떻게 하면 좋은 회사를 만들까?' '어떻게 하면 직원으로부터 존경받을까?'가 아니라 '어떻게 하면 회사를 성공시킬까?' '어떻게 하면 수익률을 극대화할 수 있을까?'를 고민하는 사장이 되어라. 이를 위해서 유능한 사장이라면 날마다 생각해야 할 사업의 주요 요소 5가지를 알려주겠다.

유능한 사장은 하루아침에 되지 않는다. 유능한 사장이 될 자질을 가지고 태어나는 것도 아니다. 유능한 사장은 아무도 알아주지 않는 고민과 고뇌 속에서 만들어진다. 고독한 방에서 혼자 지새우는 시간이 길어질수록, 보이지 않는 고객의 마음을 읽으려 노력하며 잠을 뒤척이는 밤이 길어질수록, 직원들의 배신과 원망에 일희일비하는 대신 묵묵히 성공의 날을 기다리는 날이 길어질수록, 유능한 사장의 길에 가까워진다.

⎯⎯⎯

사업을 성공시키기 위한 Key Factor

- 현재 내가 하는 사업을 키우기 위한 전략은 몇 가지가 있으며, 각각에 대한 실행전략을 가지고 있는가?
- 고객이 우리 회사의 상품이나 서비스를 받고 제시하는 문제점을 정리해서 분석해보고 있는가?
- 고객이 우리 회사의 상품을 어디에서 어떻게 구매해서 어떻게 사용하고 있나?
- 고객이 우리 상품을 구매해서 어떻게 사용하고 어떻게 처분하는지 고객구매처분 활동 흐름을 만들고 있는가?
- 우리 사업의 전략적 성공, 실패 사례를 상시 분석하고 지속적인 개선작업을 하고 있는가?

⎯⎯⎯

CHAPTER 4 ●●●

'어떻게 쓰느냐'를 알 때
돈이 보인다

예산제도의 함정에 주의하라

사업의 경영에서 '돈'을 관리하는 부분은 기본 중의 기본이지만, 아직도 돈 개념을 명확히 하지 못하는 사장들이 생각보다 많다. 자신이 얼마를 투자해 얼마를 벌고 있는지 정확히 모르고 있으며, 원가 개념부터 매출, 경상이익, 영업이익, 당기순이익 등도 구분하지 못하는 경우도 허다하다. 매출이 조금 올랐다고 해서 품위유지비에 많은 돈을 쓰거나 직원들 복지와 외부에 보여지는 회사의 이미지 차원에만 급선무로 돈을 투자하는 사장도 많다. 세금에 대해선 '나중 일'로 넘겨버리고 일단 오늘의 성공을 자축하며 무분별하게 돈을 쓰는 사장도 많이 보았다. 그러나 적어도 이 책을 읽는 사람들에게 이 이야기가 내 이야기가 되어선 안 된다. 사장은 회사의 경영과 사람 관리에도 성공해야 하지만 무엇보다 돈 관리에서 반드시 성공해야 한다. 그래야 다음 파트에서 다룰 '미래 관리'에 성공할 수 있다.

나는 사업이란 '어떻게 하느냐.'도 중요하지만 '누가 하느냐.'가 더 중요하다고 생각한다. 특히 '돈'에 있어서는 사장의 마인드가 돈의 방향을 결정한다. 스노우폭스 대표이자 《돈의 속성》의 저자인 김승호 회장이 강의 때마다 이야기한 것처럼 '돈'을 어떻게 대하느냐에 따라 우리가 지니게 될 부의 방향이 결정된다. 돈을 섬세하게 다루며 관리하고 귀히 여길 때 돈은 우리 편이 되어 우리의 손을 들어준다. 사업가는 우아한 백조처럼 물 밖으로 얼굴을 내밀고 있더라도 물속에서는 끊임없이 발을 젓고 있어야 한다. 다름 아닌 '부'를 위해서다. 이런 마인드를 갖고 있지 않은 사장이라면 아무리 좋은 아이템과 시장을 보는 눈을 가졌다 하더라도 성공하기는 힘들다. 따라서 이 마인드는 성공하는 사장이 가진 핵심적인 '촉' 중 하나라고 할 수 있다.

'돈 관리'에서 마지막으로 짚고 넘어가야 할 것은 '예산제도의 함정'에 관련한 이야기다. 예산제도란 말 그대로 그달, 그해에 잡아둔 예산을 집행하는 제도를 의미한다. 예를 들어, 법인카드의 한도도 예산이다. 매월 돌아오는 법인카드의 한도는 그달에 사용할 수 있는 예산에 포함되며, 그래서 대부분의 직원이 소위 '법카 사용'을 당연하게 여긴다. 한도를 넘지만 않으면 무조건 써도 된다는 생각은 물론이다. 그런데 이 생각은 과연 맞는 걸까?

내 사업이라면 어떻게 할까?
내 카드라면 어떻게 할까?

● ● ●

조직원들이 내 사업처럼 일하게 만드는 것은 모든 사장의 꿈이다. 그 꿈을 이루게 하는 방법은 '직원들을 향해 열심히 소리치는 것!'도 아니고 '직원에게 많은 보상금을 주는 것!'도 아니다. 물론 늘 직원들과 회사의 비전에 대해 공유하고 많은 돈을 주는 것도 중요하지만, 앞에서 강조한 대로 이 모든 것을 가능케 하는 것은 단하나, 바로 시스템이다. MBO, KPI 시스템과 같이 직원들이 적절한 당근과 채찍을 통해 자신의 일을 스스로 관리하게 한다면, 굳이 목청 높여 비전을 공유하지 않아도 조직원들은 자신의 역량을 발휘하기 위해 최선을 다할 것이다. 그것이 곧 개인의 성공과 직결되기 때문이다('회사에서 열심히 일하면 내 인생도 성공한다.'라는 공식이 성립되는 순간, 직원들은 주체적으로 변화한다). 그리고 조직원들이 회사를 '내 사업'이라고 생각하며 일할 때, 예산주의의 함정에 빠지지 않을 수 있다.

예산주의의 함정이란 회사의 매출에 상관없이 책정된 예산을 모두 쓰는 것을 의미한다. 분명 매출이 줄었다면 예산도 줄어야 하고, 회사의 고정비도 다시 점검해야 한다. 그러나 그런 경우는 잘 없다. 매출은 줄었지만 법인카드 한도는 그대로 사용한다. 어쩐지 다 못 쓰면 억울한 생각마저 들어서 말일에 몰아서 없는 내역을 만들어서라도 다 써버리곤 한다. 또 각 조직마다 접대비, 판관비, 부서운영비 등이 측정되는데 월말이 되면 이 예산을 다 못 써서 분주해진다. 이런 개념은 직원뿐 아니라 사장 역시 가지고 있는 경우도 있다. 그러나 예산이란 무엇인가? 예산제도의 함정에 빠지지 않으려면 2가지가 필요하다. 하나는 예산에 대한 개념, 또 하나는 주인의식이다.

책정된 금액을 다 못 쓰면 어쩐지 억울한 마음마저 드는 그 '예산'이란 것은 매출에 따른 수익의 일부다. 즉, 매출이 나오고 그에 따른 수익이 생겼을 때 그 일부를 회사 운영비로 쓸 수 있게 해준 돈이라는 뜻이다. 만약 100억 원이 매출 목표이고 수익이 5억이라면, 그것을 달성한 경우 쓸 수 있는 운영비가 500만 원이라고 하자. 이 목표를 달성했을 때는 그 예산을 쓰는 게 문제 되지 않는다. 그런데 그달 수익이 지난달에 비해 줄었다면, 예산을 그대로 써도 되는 걸까? 매출은 70억, 수익이 2억밖에 안 되는데도 500만 원을 그대로 쓰는 게 맞을까? 이 얘기를 고스란히 하면 모든 중소기업 사장들이 "말도 안 된다."라고 쉽게 대답하지만 그 말도 안 되는 일이 지금 이 순간에도 많은 중소기업에서 일어나고 있다면 믿겠는가. 이 책을 읽는 당신 역시 한 번 책정된 예산을 몇 번이나 수정해보았는가? 회사의 수익이 줄었다면 손익계산서를 놓고 어떤 부분에서 안 써도 될 돈이 나가는지, 지금 나가는 돈을 어떻게 매출과 연동해 변동비화할 것인지를 따지는 게 급선무다. 수익이 없으면 예산도 없다. 이 개념을 명확히 하지 않으면 회사는 생각지 못한 곳에서 돈이 줄줄 새게 된다.

두 번째는 직원들이 지금 다니는 회사를 내 회사처럼 여겨야 한다는 것이다. 그것이 주인의식이다. 회사를 내 회사로 여기는 순간 가장 먼저 챙기게 되는 게 바로 '비용'이다. 생각해보라. 법인카드를 쓸 때와 내 카드를 쓸 때는 고기의 종류부터 달라진다. 법인카드는 5명이 가서 10인분을 먹지만 내 카드를 쓸 때는 5명이 가서 3인분을 시키고 밥을 볶아 먹는다. 이것이 현실이다. 그러니 이 회사의 돈이 모두 내 돈이며, 내가 아끼는 만큼 회사가 더 빨리 성공할 수 있다고 믿는다면 어떻게 될까? 이번 달에 회사의 매출과 수익이 줄었다면 누가 시키지 않아도, 회사의 별도 공지가 없어도 "매출 줄었는데 자제하자."라고 조절할 것이다. 주인의식은 생각보다 무서운 힘을 발휘한다. 그러기 위해서는 효율적인 시스템 속에서 직원이 움직일 수 있도록 만들며, 그들이 '현명한 주인'이 되는 것이 '충실한 종'이 되는 것보다 훨씬 낫다는 사실을 지속적으로 일깨워주어야 한다.

작은 습관이 큰 성공을 낳는다, 특히 돈에 있어서는 더욱 그렇다

• ● ○

그렇다면 직원들이 돈에 대해 가지고 있는 생각은 어떻게 바꿔 줄 것인가? 시스템적으로 움직인다 하더라도 기본적으로 돈에 대한 올바른 개념을 가진 것과 아닌 것에는 큰 차이가 난다. 그런데 돈을 대하는 태도와 마인드는 사람마다 달라서 결국 '훈련'밖에는 답이 없다. 적은 돈을 쓰더라도 그것이 제대로 쓰였는지, 합리적으로 쓰였는지 분석하는 습관을 들여야 한다. 돈을 쓰는 것은 하나의 훈련이고 스킬이다. 이미 책정된 금액이니 그 한도 내에서 마음껏 쓰느냐 아니면 가성비 개념을 머리에 넣고 전략적으로 지출하느냐, 이 부분은 훈련이 되어 있어야만 가능하다.

하림의 경우, 예산제도의 함정에 대해 미리 인식하고 관리했다. 회식비를 줄 때는 영수증 뒤에다 회식에 참여한 사람의 이름을 기록하게 했다. 회식은 목적이 있다. 친목회인지 송별회인지 기념회인지 등. 누가 어떤 목적으로 회식을 했는지도 기록해서 관리했다. 그때는 '뭐가 이렇게 치사해.'라고 생각했지만 시간이 흐르고 보니 그게 맞다 여겨진다. 특히 중소기업에서는 이러한 관리가 필요하다. 직원들이 돈을 제대로 쓸 수 있도록 훈련하는 과정이기 때문이다. 회사는 직원들이 한도를 정하고 회식에 가서, 제대로 그 돈을 목적에 맞게 집행하고 어느 곳에서 얼마나 효율적으로 사용하는지 따져본다. 그들을 징계하기 위함이 절대 아니다. 가성비와 효율을 높이며, 모든 직원이 돈을 제대로 쓸 수 있도록 훈련하기 위함이다.

돈은 '안 쓰는' 것보다 '잘 쓰는' 것이 더 중요하다고 이야기한다. 돈을 잘 벌고 또 잘 사용해야 하는 조직에서, 사장을 비롯해 전 직원이 돈을 대하는 태도와 돈을 쓰고 관리하는 습관에 대해 훈련하지 않는다는 건 말이 안 되는 일이다. 그럼에도 불구하고 조직을 훈련할 때 '돈'에 대해 빼먹는 경우가 있다. 수많은 기업을 만나보았지만, 돈 관리에 대해 처음부터 훈련이 된 상태에서 시작한 회사는 분위기부터 다르다. 그런 곳이야말로 롱런할 수 있는 조직의 문화를 지녔다 할 수 있다. 또한 돈에 대한 마인드를 제대로 가지는 일은 조직원 중 누구랄 것 없이 먼저 시작하는 것이 중요하다. 한 사람이 돈을 관리하지 않으면 다른 사람들도 그렇게 된다. 쉽게 돈을 쓰는 사람이 대부분인데 나 혼자 10원, 20원을 따지며 꼼꼼하게 구는 것이 오히려 이상하게 여겨질 수 있다. 반대로 누구 한 사람이 회사 물건을 내 물건이라고 여기고 회사의 돈을 내 돈이라 여긴다면 나머지 사람들도 쉽게 돈을 대하지 못한다.

사소한 실천으로 큰 성공을 경험한 사람들은 이야기한다. 우리의 운명을 바꾸는 것은 아주 작은 습관에서 출발한다고 말이다. 회사를 살리는 것은 대박 아이템 하나로도 가능하다. 좋은 상품이 좋은 타이밍에 나온다면 생각지 못한 큰 성공을 거둘 수 있다. 그러나 이렇게 큰 성공을 망치는 것은 커다란 실수나 사고가 아니다. 생각지도 못한 작은 습관, 사장의 눈이 닿지 않는 사각지대에서 지금 이 순간에도 커지고 있는 어떤 구멍에서 비롯된다. 촉이 있는 사장은 절대 이런 구멍을 그대로 두지 않는다. 계속해서 관리하며 혹시라도 생길지 모를 상황에 대비한다. 직원들이 사장과 한 방향으로 정렬됨과 더불어 '돈'에 있어서는 더욱 같은 마인드를 가질 수 있도록 훈련한다. 그리하여 예산의 함정에서 빠지지 않고 주인의식을 갖고 일하는 조직, 절대 이룰 수 없다고 말하는 원대한 꿈을 기어이 이뤄내고 마는 조직을 만들어낸다. 그것이 바로 '촉'이 있는 사장이다.

Part
04

사장의 촉을 만드는 네 번째 원칙

미래를 읽는 촉

"미래를 예측하는 가장 좋은 방법은
미래를 창조해내는 것이다."

– 에이브러햄 링컨(Abraham Lincoln)

CHAPTER 1 •••

성공한 리더치고
지독한 메모광이 아닌 사람은 없다

과거의 기록을 미래의 자산으로 사용하는 법

이건희 회장의 기록에 대한 집착은 워낙 잘 알려져 있다. 1990년대 초 삼성의 임원들에게 녹음기를 나눠주면서 중요한 것들을 모두 기록하게 했다. 1년 동안 자신이 했던 모든 일(거래나 지시 등의 업무에서부터 여행 등의 개인적인 부분까지)을 기록했다가 한 해를 마무리할 때는 그것을 쫙 살펴보면서 그해 동안 자신이 한 일을 되돌아보고 미래를 계획했다. 이건희 회장은 "역사의 차이는 곧 기록의 차이"라고 말하면서 자기 생의 데이터를 끈기 있게 모으라고 강조했다. 기록은 과거 속에서 교훈을 발견하게 해준다. 실수를 반복하지 않고 더 나은 역사를 쓸 수 있게 해주는 게 바로 기록이다. 그런 국가나 기업, 개인만이 일류가 될 수 있다는 사실을 이건희 회장은 잘 알고 있었다.

그런데 이러한 이 회장의 기록에 대한 DNA는 바로 이병철 회장에게서 물려받았다는 것을 아는가. 이병철 회장은 모든 아이디어, 전문가의 조언, 스케줄 등을 메모로 정리하기로 유명하다. 반드시 매일 6시에 일어나 목욕을 하고 맑은 정신으로 그날 할 일을 메모한다. 어제의 메모를 다시 보며 수정하고, 미래를 준비하는 것이다. 스케줄을 세심하게 메모하고 관리하다 보니, 시간을 분으로 쪼개어 쓴 것은 물론이다. 그 계획을 지키기 위해 최대한 노력했고, 하루 동안 잘 이루어지지 않은 부분은 다시 메모하면서 짚어보고 반성하면서 새로운 계획을 짰다. 안 되는 것을 되게 만드는 방법도 모두 이 메모에서 출발해 메모로 끝났다.

요즘은 시대가 좋아져서 핸드폰으로도 간단한 녹음과 메모가 모두 가능하다. 그럼에도 불구하고 이를 활용하지 않는 사람들이 워낙 많다. 특히, 기업의 대표나 리더가 메모를 중요시 여기지 않으면 직원들도 똑같이 메모를 하찮게 여긴다. 앞에서도 이야기했지만 메모하는 습관을 들이지 않으면 업무는 효율적으로 관리되지 않는다. 일을 시키는 사람도 모르고 받은 사람도 모르는 일이 생기는 건 부지기수다. 아무리 좋은 아이디어도 기억이 기록을 앞서지는 못하기에 한 번 내뱉고 그냥 날아가 버리기 일쑤다. 그것이 수십, 수백억을 가져다줄 사업의 초안이 될지도 모르는데 말이다. 이뿐이 아니다. 기록은 더 나은 미래를 그리기 위한 밑그림과 같다. 노트도 실패 노트가 가장 중요하듯 역사는 과거의 기록을 통해 더 나은 방향으로 나아간다. 하물며 기업은 어떨까. 각 조직원이 자신의 업무에 대해 스스로 모니터링하는 시간을 가지지 못한다면, 그 기업의 미래는 어둡다. 사장이 바쁘다는 핑계로 자기반성을 게을리한다면 그 회사의 미래 또한 밝지 못하다. 그토록 큰 기업을 운영하면서도 늘 메모와 기록을 통해 자기 스케줄을 점검하고, 집에 돌아와 다시 한 번 그 기록을 되새기며 미래를 준비했던 이병철 회장은 바쁘지 않아서 그랬던 게 아니다. 그 사소한 습관이 기업의 미래를 움직인다는 사실을 알았기 때문이다.

나 역시 하림에 있으면서 항상 옆구리에 노트를 끼고 다니며 내 스케줄뿐 아니라 눈에 보이는 모든 것을 기록하면서 반성하고 앞으로 나아갔다. 그중의 일부가 이 책을 통해 정리되었다 해도 과언이 아니다. 그리고 그런 메모의 습관은 나뿐 아니라 전 직원이 공통적으로 지니고 있었으며, 그 습관은 곧 김홍국 회장으로부터 시작되었다. 메모의 중요성을 인식하고 이를 솔선수범하며 보여주며 직원에게 그 중요성을 전파하는 사장만이 성공적인 미래를 그릴 수 있다. 이번 장에는 기업에서 메모를 어떻게 활용하면 좋을지에 대해 간단히 2가지로 정리해보려고 한다. 기록의 힘, 종이 위의 기적에 대해서는 워낙 많은 책에서 잘 설명하고 있지만, 촉을 가진 사장이라면 상식적으로 알고 있어야 할 내용이니 반드시 기억하고 적용해보길 바란다.

성공하는 메모 활용법 ①:계획 관리

● ● ●

전 세계적으로 여러 개의 실록을 찾아볼 수 있지만, 유네스코 세계기록유산으로 선정된 실록은 조선왕조실록이 유일하다. 조선왕조실록은 조선 초기 태조부터 철종까지 25대 왕들의 역사를 기록한 472년간의 기록물이다. 세계가 이 기록물을 인정한 이유는 왕이 살아있는 동안의 모든 것을 기록했기 때문이다. 보통 역사의 기록은 모두 그 일이 일어난 후, 사람이 죽은 후에 쓰지만, 조선왕조실록은 사관이 왕 옆에 붙어서 생애 동안 그에게서 보고 듣는 모든 것을 생생하게 기록한다. 그 기록이 있었기에 우리는 과거를 알 수 있고, 그 과거를 바탕으로 미래를 설계할 수 있었다.

기록이 중요한 이유는 과거와 미래를 잇는 중요한 바탕이 되기 때문이다. 개인 역시 자신의 역사를 스스로 쓰는 방법은 기록밖에 없다. 우리의 뇌가 모든 것을 기억할 것 같지만 사실 지나고 나면 도저히 기억을 더듬어도 떠오르지 않는 일이 더 많다. 나이가 들수록 점점 더 그렇게 된다(그래서 자주 깊은 자괴감에 빠지곤 한다). 다양한 업무를 한 번에 처리해야 하는 위치에 있을수록 더욱 그렇다.

메모를 활용하는 방법은 여러 가지지만, 그중에서도 계획 관리를 위해서 메모는 무척 중요한 기록 행위 중 하나다. 중소기업에서는 특히 이러한 메모의 중요성이 커진다. 시스템이 잘 도입되어 착착 돌아가고 있는 회사에서도 각 부서별, 그리고 팀 내에서 업무가 어떻게 돌아가고 있는지 기록을 통해 체크해야 한다. 하물며 시스템이 아직 안착되지 않은 중소기업은 어떨까. 가끔 컨설팅을 나갔을 때 사장이든 직원이든 메모장 하나 들고 다니지 않는 분위기를 볼 때면 깜짝 놀라곤 한다. 업무를 관리하는 앱이 많이 나왔으니 그것을 활용하나 싶어 보면 그것도 아니다. 모든 것이 구두로 이루어지고, 심지어 사장이 그것을 선호하는 경우도 있다.

기업의 역사를 기억으로 쓸 수는 없다. 허림은 회사가 어렵던 시절조차 다른 곳에서 수첩을 얻어와서라도 직원들에게 나누어주며 반드시 자신의 스케줄과 지시사항을 메모하고 관리하게 했다. 특히, 스케줄 관리와 지시사항 관리는 해도 되고 안 해도 되는 사항이 아니었다. 스케줄의 경우 자신이 해야 할 일을 시간대별로 분류하고 우선순위를 나누어 처리하도록 교육했다. 임원부터 말단 사원까지 모두 이 스케줄을 실시간으로 점검하면서 자신이 일을 잘 처리하고 있는지 점검하도록 한 것이다. 지시사항 역시 마찬가지다. 앞에서 한 차례 언급한 대로 '지시사항 이행철'을 만들어 시킨 사람과 업무를 받은 사람이 모두 이를 기억하고 진행 상황을 공유하도록 했다.

임원의 경우, 회의 동안 나오는 모든 업무를 기록하고 돌아와 그 지시사항들에 다시 담당자들을 배정하여 지시하게 되는데 나는 이때 삼색볼펜을 사용해 매우 꼼꼼하게 메모했다. 일단, 노트한 내용

중에서 중요한 것을 순서대로 다시 정리하고 시급히 처리해야 할 일들에는 빨간색 볼펜으로 강조했다. 만약 10가지 업무가 있다면, 그것을 A4 용지에 각각 '처리할 일/담당자/데드라인/확인란'을 만들어 적은 후 2장을 만들어 한 장은 내가 갖고 한 장은 담당자에게 주었다. 그리고 확인란에 'ㅇ/△/×' 표시를 해나가면서 진척이 안 될 때는 원인을 분석해서 되게 만들고, 실패했다면 그 이유를 분석해서 다시는 실패하지 않도록 했다. 나중에 업무가 많아질 때는 확인란만 보고도 일 처리가 수월하게 이루어졌다. 담당자는 자신이 진행상황을 기록해야 하므로 원인을 스스로 챙기지 않을 수 없는 시스템으로 돌아갔다.

회사에서 가장 중요한 건 '일 처리'다. 새로운 일을 기획하는 데서 그치는 것이 아니라 그것을 실행하고, 실행했다면 잘 되었는지 아닌지 사후 점검을 하는 일로까지 이어져야 한다. 기록은 이 모든 과정을 한눈에 보이도록 만들어준다. 아무리 사소한 지시사항이라 하더라도 분명 그 얘기가 나왔을 때는 중요한 일이었을 것이다. 작은 것도 놓치지 않고 가는 것이 디테일의 힘이며 성공의 비결이다. 사장부터 메모의 습관을 들이고 이병철 회장이 했던 것처럼 자신의 스케줄과 업무를 관리하라. 그리고 그것이 시스템이 되게 만들어라. 수두룩하게 쏟아져나온 메모 관련 책들을 굳이 읽어보지 않아도 된다. 업무는 중요도 순서대로 정리해 진척상황을 체크할 수 있는 기록 시스템을 만들어라(도구는 종이가 되었든 디지털이 되었든 상관없다). 그리고 전 직원이 회사의 역사를 쓰게 해라. 희망적인 미래는 과거의 반성으로부터 나온다. 기록보다 좋은 스승은 없음을 꼭 기억하라.

성공하는 메모 활용법 ② : 아이디어 관리

● ● ●

강의를 한 번 듣고 나면 그 매력에서 헤어나올 수 없다고 말하는 사람이 바로 이금룡 회장이다. 나 역시 그의 강의뿐 아니라 사람 자체에서 느껴지는 내공과 포스에 만날 때마다 감동을 받곤 한다. 누가 물을 때 마케팅에 대해 가장 큰 영감을 받게 한 사람이 누구냐고 물으면 망설이지 않고 이금룡 회장이라고 답한다. 그만큼 탁월한 감각과 내공을 지닌 사람이기 때문이다.

그 역시 과거 '수첩경영'에 대해 역설한 바 있다. 사람을 만나서 듣는 정보, 책이나 매체를 접하면서 알게 되는 모든 지식을 기록한다는 것이다. 또 신문, 잡지, 인터넷 등으로부터 매일매일 새로운 아이디어를 얻어 그것을 기록하고 스크랩하는 '스크랩 경영'을 이야기하기도 했다. 이러한 습관은 그가 삼성물산에서 대리로 근무하던 시절부터 시작됐는데, 매일 매일 하다 보니 족히 100쪽은 되는 스크랩북이 벌써 백여 권이 넘는다고 한다. 과거 한 기사에서 그는 자신이 스크랩북을 통해 매일 새로운 정보를 접하고 미래를 내다보았기 때문에 유망한 기업을 알아볼 수 있었고, 모든 면에서 남들보다 앞설 수 있었다고 말하기도 했다.

나 역시 스크랩은 하림 시절부터 지금까지 이어온 습관이다. 스크랩을 한다는 건 곧 많은 정보를 접한다는 뜻이기도 하다. 매일 아침이면 주요 일간지를 챙겨보고, 다양한 잡지와 온라인 기사를 챙겨본다. 그중 인사이트를 얻을 만한 것이 있다면 주변 사람들과 공유하고 반드시 스크랩한다. 활자로 기억해두고 싶은 것은 자필로 수첩에다 기록을 해두기도 하고, 그 지식에서 파생된 아이디어가 있다면 스마트폰을 열어 간단히 정리해두기도 한다.

기업에서 사장은 물론, 모든 직원이 메모를 활용할 수 있는 두 번째 방법은 바로 '아이디어 관리'다. 언제, 어디서, 무엇을 하다가 번뜩이는 아이디어가 떠오를지 예측할 수는 없다(나는 종종 화장실에서 매우 중요한 아이디어가 떠오르기도 한다). 그럴 때마다 '나중에 회의할 때 다시 생각나겠지.' '이 정보는 여기저기 많으니까 나중에 다시 찾아보고 공유해야겠다.' 등의 생각으로 넘어갔다면 이 책뿐 아니라 내가 실행했던 핵심적인 기획과 전략들은 결코 나오지 못했을 것이다. 아이디어는 말 그대로 초석이다. 다듬어지지 않고, 당장 결과물을 낼 수 없는 원석에 가깝다. 그러나 세상의 모든 위대한 성공은 매우 작은 아이디어에서 출발했다. 그러니 그런 아이디어들을 놓치는 것은 수많은 성공의 기회를 놓치는 것과 같다.

지혜로운 사장은 찰나로 스쳐가는 자신의 생각뿐 아니라 모든 직원의 작은 아이디어마저도 소중히 여긴다. 그리고 아이디어를 끄집어내기 위한 노력을 지속한다. 많은 매체를 접하고 책을 통해 중요한 정보와 지식을 축적해야 함은 물론이다. 뒤에서 이야기하겠지만, 각 조직마다 반드시 학습시스템을 구축해야 하는 이유도 이 때문이다. 그리고 이러한 노력을 통해 나오는 모든 아이디어는 회사의 소중한 자산으로 여기고 기록으로 남겨 발전시켜야 한다. 과거에 적어두었던 아이디어 노트에서 오늘의 참신한 계획이 떠오르는 일도 부지기수다. 그래서 나는 그 아이디어 노트를 '보물 보따리'라고 부르기도 한다. 가끔 회사의 미래가 사장의 똑똑한 머리에서 나온다고 착각하는 경우를 보는데, 회사의 미래는 엉뚱한 상상력과 그 상상력을 불러일으키는 공부, 그리고 이 모든 것을 관리하는 시스템에서 비롯된다. 따라서 메모는 단순한 습관이 아니라 회사의 성공을 관리하는 가장 중요한 시스템임을 기억해야 한다.

CHAPTER 2

마케팅은 상식이다

마케팅의 본질을 알지 못하면 9부 능선을 넘을 수 없다

'마케팅'이라는 용어는 경영학에서 출발했다. 마케팅은 경영의 일부로 회사의 제품을 판매하는 데 필요한 경영전략 중 하나로 여겼던 게 사실이다. 대량생산의 시대가 오면서 그 물건을 팔고 남은 재고를 어떻게 팔 것인가를 고민하던 중 매스미디어가 탄생했고, 이를 통해 사람을 끌어들이게 한 것이 매스마케팅이 되었다. 과거에는 '마케팅'이라는 건 학문이며 전문가들만이 하는 것이라고 생각했다. 그러나 이제는 그런 시대가 아니다. 이 장의 제목처럼 이제 마케팅은 '상식'이 된 시대가 되었다. 마케팅에 대해 거창하게 접근하면 수많은 이론과 방법을 배우고 실행해야 하므로 어렵게 느껴질 수밖에 없다. 게다가 얼마나 많은 마케팅 툴들이 변화하고 있는가? 그것을 모두 하나하나 이해하고 습득해 내 사업에 접목하려면 많은 공부가 필요하다. 물론, 반드시 공부는 해야 한다. 그러나 그 모든 툴을 각각 떼어놓고 공부한다면 쉽게 내 것으로 만들기 힘들다. 여러 책에서 읽었겠지만, 나는 모든 독자가 이 책을 통해 마케팅이 왜 상식이라고 하는지에 대해 심플하게 정리해가길 바란다.

얼마 전 갓 군을 제대한 제자 한 명이 나를 찾아왔다. 사업을 해서 성공하겠다는 원대한 꿈을 안고 나를 찾아와서 질문했다. "스승님. 마케팅이란 무엇입니까?" 마케팅 이론서에 나오는 이야기를 끄집어낸다면 몇 시간을 이야기해도 부족했겠지만, 나는 그 친구가 마케팅에 대해 제대로 이해하고 출발할 수 있도록 이렇게 간단히 설명했다.

"마케팅을 잘하면 인생이 편안해져."

"왜요?"

"마케팅은 곧 상대방(고객)을 생각하는 거거든. 그게 마케팅의 전부야. 부모님도, 애인도, 친구도, 동료도… 그들의 마음을 알고 그 마음을 만족시키는 말과 행동을 해주면 모두가 너를 좋아할 거야. 그러면 인생이 편안해지지. 싸울 일도 없지 않겠어? 미리 그들의 마음을 읽고 배려하고 행동해주는데? 좋아 죽지. 마케팅은 고객을 생각하는 마음이야. 그들의 마음을 읽으려고 노력하고 그들이 원하는 걸 알아서 건네주는 거지. 방법적인 건 그다음이야. 일단 내 고객이 누구인지 파악하고 그들의 마음을 읽어. 그리고 그들이 원하는 걸 줘. 그러면 성공이야."

왜 우리 회사 마케팅은 실패하는가?

● ● ●

지인 중 인생이 바닥을 치고 있었는데 마케팅과 관련된 책 100권을 읽고 나서 세상이 보이더라는 이야기를 한 사람이 있다. 결국, 모든 책에서 하는 이야기가 하나로 연결되고 있다는 걸 깨달은 것이다. 그건 바로 '고객'이다. 아무리 좋은 제품을 만들어도 내 고객이 누구인지 모르면 성공할 수 없다. 또 내 고객을 찾았는데 그들의 마음을 만족시키지 못한다면 성공할 수 없다. 앞에서 그런 이야기를 한 적이 있다. 회사가 망하는 이유는 첫 번째 고개가 돈, 두 번째 고개가 사람, 세 번째 고개가 '마케팅'이라고. 마케팅은 이제 회사의 성패를 좌우하는 중요한 요소가 되었다. 그런데도 아직 수많은 기업이 마케팅으로 미래를 준비하지 않는다. 그러나 촉이 있는 사장은 제품에 대한 기획보다 마케팅에 대한 고민을 더 깊이, 집요하게 한다. "나름대로 홍보도 잘하고 있고, 회사에 마케팅 전문가도 있는데…."라고 말하며 자신의 실패에 의아해하는 사장들은 어김없이 마케팅에 대한 근본을 이해하지 못하고 있음을 보게 된다. 이 질문에 답해보자.

> **당신은 제품을 두고 싸우는가,
> 고객을 두고 싸우는가?**

지금, 자기 회사의 마케팅이 실패하고 있다고 여겨진다면 이 질문을 곱씹어보자. 과거에는 제품 중심의 마케팅이 통했다. 즉, 구매자를 유인해서 판매목표를 달성하고 고객과의 관계보다는 표준화되고 단순한 형태의 판매중심 거래를 했다. 따라서 고객이 다른 제품으로 갈아타는 데 아무런 부담을 느끼지 않았다. 그러나 이제는 고객 중심의 마케팅 시대로 바뀌었다. 우리 회사에 수익을 안겨주는 찐팬과의 관계가 중요해졌고, 표준화된 판매 형태보다는 고객관리에 많은 돈을 투자해야 한다. 높은 수준의 고객관여 및 참여를 유도하고 고객 이탈을 최소화해서 충성고객을 최고의 자산으로 삼아야 한다.

그럼에도 불구하고 아직 '좋은 제품'에 목을 매는 중소기업을 많이 보게 된다. "일단 중소기업은 제품이 중요한 것 아닌가요?" "마케팅은 큰 기업이나 하는 거고요." 과연 이런 말이 맞는 걸까? 물론 틀렸다. 작은 구멍가게, 동네 코딱지만 한 식당에도 필요한 것이 마케팅이다. 앞에서 말한 대로 마케팅은 거창한 전략, 책에 나오는 복잡한 이론이 아니라 상식이기 때문이다.

예를 들어, 작은 식낭이라 하더라도 우리 고객은 누구이며, 그중에서도 단골은 누구인지, 그가 우리 식당을 방문하는 주요 시간은 언제인지, 우리 식당의 메뉴별 판매량과 수익성은 어떤지, 식당에서 실행한 각종 프로모션 효과는 어땠는지… 이 모든 것을 꼼꼼하게 분석해서 여기에 맞춰 실용적인 전략을 실행하는 것이 마케팅이다. 따라서 '고객'이 있는 모든 곳에는 마케팅이 필요하다. 지금 당신의 회사가 정체기에 있다면, 다음 단계로 넘어가는 한계점에 있다면, 마케팅에 대한 생각을 바꾸고 접근을 달리해야 할 때다. 당신은 지금 9부 능선을 넘고 있고, 이를 넘어야만 성공적인 미래로 갈 수 있기 때문이다.

또 하나의 질문을 던져보자.

> 마케팅과 판매는 같은가?

답부터 이야기하자면 마케팅과 판매는 다르다. 이제는 만들면 팔리는 시대가 아니다. 팔릴 수 있는 제품을 만들어야 하는 시대다. 판매가 제품 중심의 개념이라면 마케팅은 고객 중심의 개념이다. 그래서 마케팅은 판매 후에 이루어지는 것이 아니라, 판매 전부터 시작되어 판매 후까지도 계속된다.

우리 회사의 마케팅 전략이 계속 실패한다고 여겨진다면 다음 질문을 보며 점검해보도록 하자. 만약, 이 중 많은 것들이 잘 되고 있지 않다면 모든 것을 재정비하라.

- 단기적으로 고객유치에만 집중하고, 고객을 관리하는 데에는 집중하지 않고 있는가?
- 관련된 고객관리 시스템은 구축되어 잘 활용되고 있는가?
- 가격전략이 목표시장별, 경쟁상황별 등으로 잘 구분되어 있는가?
- 가격결정이 단순히 제조원가 대비, 비용 마진에 근거해서 결정되고 있지는 않은가?
- 목표가격에 대한 개념과 시장 가격에 대한 개념이 잘 구분되어 있는가?
- 고객과의 통합 커뮤니케이션 전략은 완벽한가?(IMC전략)
- 고객의 실제 니즈를 파악하고 분석하는 업무가 매뉴얼화되어 있는가?
- 사내의 모든 조직이 마케팅 오리엔트 조직으로 전환되어 일하고 있는가? 혹여 마케팅은 마케팅 부서만의 일이라고 생각하고 있지는 않은가?

전 직원을 마케팅 전문가로 만들어라

● ● ●

지금도 꾸준히 잘 팔리고 있는 '용가리 치킨'을 알 것이다. 이 용가리 치킨은 아이들의 도시락 반찬으로 최고의 인기를 누렸다 해도 과언이 아니다. 나도 용가리 치킨을 좋아하는데, 잘 튀겨서 먹으면 타제품과는 비교할 수 없는 묘한 매력이 느껴진다.

용가리 치킨은 당시 미국에서 인기를 끌고 있던 'Fun 치킨'이라는 제품을 벤치마킹해서 만들었다. 공룡을 좋아하는 7-12세 남자아이들을 타깃팅했기 때문에 처음에 이름을 '공룡 치킨'이라고 했으나, 당시 심형래 감독 영화 〈용가리〉가 히트를 치면서 브랜드 사용권을 따와 '용가리 치킨'으로 바꾸어 최종적으로 브랜딩했다. 하림에는 이미 '치킨 너겟'이라는 히트상품이 있었는데 만약 용가리의 소비자와 겹치게 되면 자기잠식 효과(Cannibalization Effect, 새로 내놓는 제품이 기존의 자사 주력 상품의 고객을 빼앗아 가는 현상)가 올지도 모른다는 생각에 포지셔닝을 완전히 달리하는 전략을 펼쳤다. 기존의 치킨 너겟을 '밥상에서 남녀노소 맛있게 먹을 수 있는 영양반찬'으로 하고, 용가리 치킨을 '아이들이 좋아하는 간식'으로 포지셔닝해서 소비자들이 두 제품 중 하나만 선택하는 것이 아니라, 용도에 맞게 2가지를 다 구입할 수 있도록 지정한 것이다.

고객에 맞춰 제품이 완성된 후에는 용가리 치킨을 알리기 위해 다양한 마케팅 전략을 펼쳤다. 초등학교에 무료로 제품을 보내 공룡 모양의 치킨이 있다는 걸 알렸고, 각종 어린이 프로그램 사이에 광고를 내보내 아이들이 부모에게 "용가리 치킨 사주세요!"라고 조를 수 있게 하려고 노력했다. 반면, 기존의 치킨 너겟은 주부들을 대상으로 온 가족을 위한 밥상에 건강한 반찬으로 올릴 수 있게 하기 위해 노력했다. 광고 또한 어린이가 아닌 주부가 자주 보는 드라마나 프로그램 사이에 넣는 식으로 했다. 용가리 치킨의 경우 요즘 더욱 붐이 일고 있는 굿즈 마케팅도 진행했는데, 용가리 제품 안에 5가지 공룡 조립식 장난감을 각각 랜덤으로 넣어 아이들이 이것을 다 모으면 상품을 주는 식으로 마케팅을 하기도 했다. 지금의 '포켓몬빵' 만큼 열기가 뜨거워서, 용가리 치킨 봉지 안에 어떤 장난감이 들어있는지 보고 싶어서 마트 냉동실 앞으로 달려가는 광경이 펼쳐지기도 했다. 이렇게 디테일한 마케팅 전략을 통해 두 제품 모두 각자의 타깃을 잘 겨냥하면서 매년 30% 이상 판매가 성장하는 놀라운 결과를 가져왔다. 그리고 현재, 마트에서 쟁쟁한 경쟁품들이 새롭게 출시되는데도 불구하고 용가리 치킨과 치킨 너겟은 여전히 스테디셀러로 꿋꿋하게 판매되고 있다.

이러한 마케팅 전략이 성공으로 이어지기 위해서 가장 필요한 것은 바로, 마케팅 오리엔트 조직이다. 마케팅 오리엔트 조직이란 사장뿐 아니라 임원, 중간관리자, 말단 직원까지 전사적으로 마케팅적 사고로 무장된 조직을 의미한다. 사장은 열심히 "차별화된 전략"을 외치고 "왜 고객을 못 잡아오느냐!"라고 호통치지만 정작 그 사장은 앞에서 말한 8가지 질문에 정확한 답을 내리지 못하고, 조직을 마케팅 오리엔트 조직으로 경영하고 있지 않은 경우가 많다. 또한 마치 마케팅은 '마케팅 부서에서만 하는 일'이라고 생각하는 경우가 부지기수다. 그러나 마케팅은 제품이 만들어지기 전부터 만들어진 이후까지도 계속해서 실행되는 것이다. 나는 심지어 회계팀과 경리팀마저도 마케팅적 사고로 무장하게 만들라고 강조한다. 고객을 중심으로 한 사고와 디테일의 힘을 가진 조직원들로 똘똘 뭉친 회사가 망할 리가 있겠는가.

내가 하림에서 마케팅 총괄을 하면서 가장 많은 노력을 기울였던 부분 역시 하림의 전 조직원이 마케팅적 사고를 갖게 만드는 일이었다. 당시 하림은 B2B에서 B2C 기업으로 전환하는 과정에 있었는데, 기존의 모든 구조가 B2B 기업에 맞춰져 있다 보니 이를 바꾸는 게 보통 어려운 일이 아니었다. 기존 직원들은 고객에 특화된 마케팅을 하는 데 대한 경험이 없을뿐더러 B2C의 개념을 이해시키면서 동시에 체질까지 바꾸어야 하니 시간과 노력이 몇 배로 들 수밖에 없었다. 그러나 변화하는 마케팅 시장에 적응하고, 또 앞으로 변화할 시장에 유연하게 대응할 수 있는 조직을 만드는 것이 마케팅 총괄자로서 내가 해야 할 가장 주요한 업무임은 자명했다. 김홍국 회장 역시 이 부분에 확신을 갖고 막대한 투자를 해서라도 마케팅 오리엔트 조직으로 만들 것임을 강조했다.

나는 회사의 방침에 따라 '마케팅 스쿨'을 만들고 1대 교장을 맡았다. 마케팅 부서뿐 아니라 재무, 회계, 인사, 기획, 공장 등 전 직원이 이제 상식이 된 마케팅에 대해 알아야 한다고 생각했다. 그래서 기존의 체질을 바꾸고 새로운 사고방식을 장착하게 한 것이다. 마케팅 스쿨의 교육은 매우 지독하면서도 치열했다. 직접 현장에 가서 경험하고, 책을 보고 토론하고 스터디했으며, 케이스 스터디도 엄청나게 했다. 일반 대학에서 강의를 할 수 있을 정도의 커리큘럼으로 그들을 교육해야 했기에, 이를 준비하는 과정에서 나도 누구 못지않은 전문가가 되었음은 물론이다. 이때 주의해야 할 것은 코앞의 실적을 바라보는 것이다. 물론 최종 목표는 전 조직이 마케팅적으로 사고하고 이것이 수익으로 이어지는 것이지만, 단기간에 이루어지는 일은 절대 아니다. 하림 역시 이러한 교육이 수익으로 이어지기까지 4~5년이라는 시간이 걸렸고, 그 기간 동안 숱한 어려움과 고비를 넘겨야 했다. 경영난을 겪을 때도 있었지만, 다른 모든 건 줄여도 교육에 대한 투자만큼은 절대 줄일 수 없다는 김홍국 회장의 과감한 결정으로, 이러한 교육 방침은 빛을 발했고 결과적으로 엄청난 열매를 가져왔다. 하림의 직원들은 여느 대기업 사원과 맞서도 뒤지지 않을 정도의 역량을 갖추게 되었고, 전사적으로 마케팅을 이해하고 바라보는 수준이 높아졌다. 모든 직원이 마케팅적으로 사고하니 제품을 생산하고, 팔고, 후반 관리를 하는 모든 과정에서 '어떻게 하면 고객이 좋아하는 제품을 만들까.' '어떻게 하면 고객에게 만족감을 안겨줄까.' '어떻게 하면 고객이 좋아하는 광고가 될 수 있을까.'라고 생각하게 되었다. 그러니 회사가 발전할 수밖에 없었다.

지금 이 순간에도 세상은 변화하고, 그에 따라 고객의 눈도 마음도 변화하며, 이와 동시에 마케팅 툴도 변화하고 있다. 그러나 '고객'을 지향하는 마케팅의 본질은 변화하지 않는다. 고객이 사장과 직원에게 월급을 주고 회사를 존속하게 하는 중요한 존재임은 변하지 않는다는 뜻이다. 그렇기에 어느 분야이든 마케팅은 중요하다. 회사가 크든 작든, 마케팅을 모르면 성공할 수 없는 시대가 되었다. 아직도 제품의 판매에 목을 매고 있는 사장이 있다면, 당장 생각을 바꿔라. 마케팅이 무엇인지 본질을 짚고 다시 공부하라. 그리고 당신 회사의 전 직원을 마케팅 전문가로 만들어라. 전 조직을 마케팅 전문가로 만드는 일은, 9부 능선을 넘어 탄탄대로를 걷기 위한 필수적인 과정이다.

CHAPTER 3

변화하는 마케팅보다
앞서가는 조직 만들기

성공하는 사장은 마케팅의 미래를 읽는 촉을 준비한다

세계적인 마케팅 석학인 필립 코틀러는 그의 저서 《마켓 4.0》이라는 책에서 4.0 마케팅 시대에는 ICT(Information and Communication Technologies)의 발달로 자동화, 지능화 혁명이 일어날 것으로 예견했다. 기존의 고객은 기업에서 벌이는 각종 마케팅 활동에 매우 쉽게 반응하였으나 지금의 고객은 기업 마케팅 활동보다 친구, 가족, 페이스북 친구. 팔로워를 더 신뢰하고 있다는 것이다. 따라서 구매결정 의사 단계에서도 개인적 기호와 더불어 사회적 분위기, 트렌드에 더 빨리 부합하면서 구매 결정을 하게 된다. 즉, 개인적 생각보다 다른 사람의 의견이 더 중요해지는 시대가 온다는 것이다. 이러한 변화의 중심에는 당연히 SNS 플랫폼이 툴로 사용되고 있다. 즉 'SNS'라는 플랫폼으로 전 세계를 동시에 연결할 수 있는 연결성이 중요해진다는 뜻이다. 앞으로의 고객들은 브랜드와 기업들에 대해 SNS에서 소통하고 구매하게 된다. 아마 10년 이내에 전 세계 1인 미디어가 몇 십억 명이 생기는 시대가 올 것이다.

이제 기업은 기존 마케팅 활동의 주 타깃이었던 성숙시장의 고객보다는 이젠 젊고 보다 역동적이며 이동성이 높은 글로벌 소비 고객을 주목해야 한다. 이들은 강력한 디지털 디바이스로 무장된 디지털 네이티브 세대이며, 조금이라도 기업이 틈을 주면 바로 스위칭 해버리는 이동성이 매우 높은 고객이다. 그렇다면 앞으로의 기업 마케팅 전략은 분명해졌다. 어떻게 하면 이들한테 접근해서 기업과 브랜드 이미지를 정확히 전달시킬 것이며 이 콘텐츠를 어떻게 많이 퍼뜨릴 것이며, 어떻게 하면 이 고객들이 우리의 디지털 플랫폼에 계속 남아 소비활동을 하게 할 것인가? 여기에 대해 고민해야 한다. 따라서 숫자만 많은 불특정 다수 고객에 마케팅을 집중하는 것보다는 브랜드 옹호고객, 즉 우리 기업, 브랜드의 찐팬 고객을 많이 확보해서, 팬 고객 중심으로 고객을 확산하고 팬 고객의 소비활동을 늘려주는 전략이 절대적으로 필요한 시대이다.

기존에는 광고홍보를 수많은 불특정고객을 향해 텔레비전이나 라디오 등을 활용해 막대한 비용을 쓰면서 소리 질렀다면(샤우팅), 이젠 적은 비용으로 충성고객과 목표고객에게만 속삭이는(위스퍼링) 시대가 되었다. 이에 맞는 전략을 수행하기 위해서는 타깃 고객에게 강력하게 어필할 수 있는 콘텐츠가 매우 중요하다. 콘텐츠가 재미없으면 고객들은 미련 없이 바로 떠나버린다. 그래서 콘텐츠의 싸움을 5초의 전쟁이라고 한다. 짧은 시간 내에 고객의 마음을 잡지 못하면 이러한 모든 전략이 무위로 끝나버릴 수 있다. 전 세계에서 수억 명이 가입되어 있는 틱톡도 불과 10초, 20초 이내에 소비자에게 어필할 수 있는 강력한 메시지를 담고 있는 동영상으로 젊은 소비자층을 공략하고 있다. 여기에서 중요한 점은 이러한 동영상 플랫폼에서 가장 시청률이 높은 콘텐츠가 바로 '사용자가 만드는 콘텐츠'라는 것이다.

만약 팔로워 수백만 명이 있는 헤비 인플루언서나 유튜버가 우리 기업 제품을 이러한 콘텐츠에 올려서 홍보해준다면 우리가 수천만 원을 들여서 만든 콘텐츠보다 훨씬 효과가 높을 것이다. 결국 제대로 된 콘텐츠 마케팅을 하기 위해서는 목표고객을 설정하고, 고객분석을 해서 고객 눈높이에 맞는 콘텐츠를 제작하여, 콘텐츠를 적합한 미디어를 통해 릴리즈하는 것이다. 그리고 이러한 콘텐츠를 확장할 수 있는 전략을 시행한 후 콘텐츠를 개선하는 선순환 전략을 수립하여, 실행하고 분석하고 다시 실행하는 전략을 꾸준히 해나가야 한다.

나는 이번 장에서 오늘날 도래한 마케팅이 어떤 흐름을 타고 있는지 크게 3가지로 나누어 설명하려고 한다. 그 핵심만 간단히 짚고 있어도 도태되는 조직에서 벗어날 수 있다. 시대의 흐름은 우리의 생각보다 빠르다. 자고 일어나면 세상이 완전히 바뀌는 이런 세상에서, 자꾸 뒷북치는 자세로는 결코 미래를 거머쥘 수 없다.

디지털 마케팅 시대

● ● ●

디지털 마케팅은 전통적 마케팅에 비해 고객과의 상호작용을 끌어내는 데 더 치중해야 한다. 그냥 소비자가 아닌 중장기적으로 충성고객을 만들어 가는 데 집중해야 한다. 디지털 마케팅 시대의 배경은 디지털 디바이스 보급률의 급속 확산이 중요 요인이다. 전 세계 인구의 70%가 2~4개 이상의 디지털 디바이스를 소유하고 있고, 지구촌의 인터넷 인구가 30억 명을 넘어섰으며, 소셜 미디어 계정 인구가 30억 명인 시대가 되었다. 과거에는 디지털 마케팅이라 해도 PC에 의존한 온라인 마케팅, 이메일을 통한 마케팅이 전부였지만 오늘날의 디지털 마케팅은 그 개념이 다르다. 광고, 분석 기술, 데이터 시뮬레이션, 빅데이터를 활용한 마케팅이 중요해졌으며, 향후 10년 이내에 10배 이상의 성장이 예측된다. 따라서 향후 디지털 마케팅 시대에서는 SNS, 블로그, SEO 등의 콘텐츠 마케팅이 중요해진다. 이러한 디지털 마케팅 시대에는 다음 6가지가 필수적인 고려 사항이 된다.

① 모바일 인터넷 활용

② 데이터 베이스 마케팅

③ IOT(Internet of Thing) 사물인터넷 기술 : 블루투스, 근거리무
선통신 기술(NFC)

④ 클라우드기술

⑤ 로봇 기술

⑥ 3D 프린팅 기술

특히, 주목해야 할 것은 디지털 마케팅 시대에서의 고객 개념이다. 전통적으로 CRM(Customer Relationship Management) 전략은 충성고객, 수익성 높은 고객을 찾아내고 관리하는 전략으로 많이 사용되어왔다. 이러한 CRM 전략이 주로 기업 입장에서 사용되어왔다면 이젠 디지털 디바이스를 활용하여 고객을 중심으로 한 CRM 전략이 필요한 시대가 됐다. 즉, 고객의 의견을 듣고, 고객과 고객의 커뮤니케이션을 청취하고 분석해서 고객이 가지고 있는 기업과 제품에 대한 불만이나 의견에 대해 적극적인 참여를 해줌으로써 고객들이 기업이나 브랜드를 '남'이 아닌 '파트너'로 인식할수 있게 유도하는 것이다. 이러한 고객은 팬 수준을 넘어 옹호자(Advocate) 수준까지 올라올 수 있으며, 이러한 고객이 일반 고객보다 100배는 높은 로열 고객으로 육성될 수 있다.

한 예로, 스타벅스에서는 드라이브스루 매장에서 결제를 하기위해 따로 지갑을 꺼낼 필요가 없다. 스타벅스 앱에 차량번호를 입

력시켜 놓으면 주문과 동시에 자동 결제되는 '마이디티패스' 시스템 덕분이다. 이뿐 아니라 사이렌오더의 개인선호 및 추천 메뉴, 지역특화음료 등의 모든 시스템이 데이터를 기반으로하는 CRM 시스템으로 구축되었다. 소비자와의 상호 소통채널인 '마이스타벅스리뷰'에서 소비자 의견을 분석한 결과 드라이브스루의 가장 큰 불만 사항이 "너무 오래 기다린다."와 "지갑 꺼내기가 불편하다."였는데, 이런 불만 내용을 해소하기 위해서 하이패스 시스템을 활용한 마이디티패스 시스템을 도입한 것이다. 이로 인해 모바일 주문 및 결제가 연 2억 건을 돌파했다.

SNS 마케팅 시대

● ● ●

이젠 어느 채널이든 온라인 검색이 우선인 시대가 왔다. 구글에서는 그동안의 MOT(소비자 접점)는 사라졌고 ZMOT(ZeroMOT) 시대가 왔다고 이야기한다. 즉 향후 모든 채널에서의 퍼스트 MOT는 검색에서 시작된다는 것이다. 미국 CIA에서도 신입사원 모집을 인스타그램에서 하는 걸 알고 있는가? 당연히 미국 CIA도 인스타그램 계정이 있다는 얘기다. 이젠 SNS로 소비자들 스스로가 판을 키우는 세상이 온 것이다. 이러한 큰 변화 속에서 우리 회사는 어떤 전략으로 대응해야 할까?

소비자들은 이제 더 이상 기업들의 마케팅 대상으로 남아있지 않고 SNS채널을 통해 스스로 새로운 팬덤을 만들어 가고 있다. 인스타그램(인스탄트카메라+텔레그램의 합성어로 단순하게, 쉽게 사진을 찍어서 전송하는 서비스에서 구글이 인수한 후 폭발적으로 성장한 대표적인 SNS 플랫폼)과 유튜브가 대표적인 플랫폼으로 등장하게 되었다. 유튜브도 처음엔 단순한 동영상 공유사이트였으나, 구글이 인수 후 방문자를 고객으로 전환시킨 후 기업의 광고를 유치하여 엄청난 수익을 올리고 있다. 즉 유튜브는 단순 방문자를 고객으로 전환해 성공한 동영상 서비스로, 향후에는 동영상을 본 사람이 그 영상을 올린 사람에게 돈을 받는 수익모델을 개발 중이고 곧 런칭할 예정이라고 한다. 또한 매년 일정 금액을 낸 고객들은 광고를 보지 않고 동영상을 볼 수 있는 서비스도 이미 실행하고 있다. 현대판 봉이 김선달이 아닐 수 없다. 이러한 소셜미디어는 많은 사람들이 자신의 생각과 의견, 경험을 공유하는 플랫폼으로 발전하고 있으며, 앞으로도 이러한 소셜 플랫폼의 기능은 매우 중요하게 될 것이다.

이러한 온라인 퍼스트 시대에서의 소비자 구매행동은 과거 'AIDMA'에서 'AISAS'모델로 변화하고 있다.

과거 : A(Attention) − I(Interest) − D(Desire) − M(Memory) − A(Action)
현재 : A(Attention) − I(Interest) − S(Search) − A(Action) − S(Share)

여기서 가장 중요한 소비자 구매행동의 변화는 바로 'Search'와 'Share'다. 즉, 찾아보고, 구매하고, 곧바로 공유하는 것이다. 이러한 공유를 위에 언급한 인스타그램이나 유튜브에서 수만 명, 경우에 따라서는 수백만 명에게 공유한다. 이러한 온라인 시대에 맞는 SNS마케팅 계획을 수립하여 시장과 소비자의 변화를 좇아가지 않으면 기업의 생존을 보장할 수 없는 시대가 되었다.

인플루언서 마케팅 시대

● ● ●

우리가 그동안 '애들'이라고만 생각했던 MZ세대가 이제 시장을 좌지우지하고 앞으로의 시장변화를 이끄는 시대가 왔다. 이들 세대는 디지털네이티브 세대이기도 하고 향후 새로운 산업과 경제구도를 만들어갈 세대기이도 하다. 이러한 새로운 소비주체의 등장과 함께 새로운 마케팅 기법이 출현하게 되었다.

특히, 2020년은 코로나 및 모바일 디바이스 보급의 폭발적인 확대로 인해 전 세계적으로 이러한 젊은 세대를 중심으로 한 소셜네트워크 사용인구가 30억 명 이상으로 늘어났으며 이러한 추세는 앞으로도 계속 가속화될 것으로 예상된다. 따라서 앞으로의 홍보마케팅 전략은 페이스북, 유튜브, 인스타그램, 틱톡 등 주요 SNS플랫폼 중심으로 진행해야 할 것이다. 이러한 소비시장에서 가장 주목해야 할 마케팅수단으로 최근 인플루언서 마케팅이 각광받고 있다.

인플루언서 마케팅이란 기업에서 만든 홍보 콘텐츠가 인플루언서를 거쳐 소비자에게 도달하는 새로운 접근방식으로 새로운 마케팅 툴이다. 그동안 홍보마케팅에서 가장 영향력이 높았던 파워블로거를 벗어난 인스타그램과 페이스북 같은 소셜미디어에서부터 유튜브, 아프리카 티비, 트위터 같은 1인 커머셜 미디어로 대표되는 영상 플랫폼까지 점차 그 활동 영역이 넓어지고 있다. 이러한 인플루언서 마케팅 전략은 이제 효율적인 마케팅 홍보 및 판매채널을 만들기 위한 필수 도구로 자리 잡았다.

인플루언서는 크게 수십만에서 수백만에 이르는 팔로워를 거느린 메가 인플루언서와 수천에서 수만명의 팔로워를 가진 마이크로 인플루언서, 특정 분야에서의 충성도 높은 팔로워를 가지고 있는 나노 인플루언서 등으로 구분된다. 팔로워가 많다고 꼭 좋은 게 아니고, 수많은 인플루언서 중에서 우리 브랜드와 가장 매칭이 잘 맞는 인플루언서를 찾아내는 것이 매우 중요하다.

즉, 인플루언서를 카테고리별로 구분하고, 팔로워를 분석하고, 팔로워의 증감추이, 구매빈도, 기존 캠페인에서의 반응도 등을 정밀분석한 후 이러한 내용들을 데이터화시켜 우리 브랜드에 딱 맞는 인플루언서를 찾아내는 작업이 반드시 필요하다. 또한 인플루언서를 활용한 마케팅 전략을 시행하기 전에 전략에 투입되는 비용대비 효과를 사전에 충분히 검토하고 진행해야 한다. 최근 인플루언서 마케팅 전략을 많은 기업이 활용하면서 유명 인플루언서들의 몸값이 기존 연예인 못지않게 치솟고 있기 때문이다.

따라서 인플루언서를 활용한 마케팅 전략을 효율적으로 하기 위해서는 메가 인플루언서보다 오히려 상대적으로 팔로워 수는 적지만 충성고객이 많은 마이크로 인플루언서나 나노 인플루언서를 활용하는 전략이 더 효과적일 수가 있다. 이들은 팔로워들과 좀 더 깊은 유대관계를 형성하고 있으며, '좋아요'나 댓글로 공감을 쉽게 표현하고 있어서, 기업의 브랜드 노출에 대해서도 다소 관대한 편이다. 이들은 마케팅 비용이 상대적으로 메가 인플루언서보다 저렴하면서, 특정 카테고리에 관심이 높은 소위 마니아층을 거느리고 있기 때문에 마케팅 STP전략을 수행할 때 가장 정교하고 관여도가 높은 핵심 소비자층을 타깃팅할 수 있다는 전략적인 장점이 있다.

다만 이러한 인플루언서 시장이 확대되면서, 메가 인플루언서들의 탈세 문제, 콘텐츠의 지적 재산권 문제, 선정성 인플루언서들에 대한 적절한 규제 문제 등이 대두되고 있다. 그러므로 기업과 정부, 그리고 인플루언서들 모두가 이러한 문제들을 극복하고 기업과 소비자들을 연결해주며 상호 윈-윈할 수 있는 건전한 생태계를 만들어가야 할 것이다.

CHAPTER 4

곡식을 심는 것은 일년지계,
나무를 심는 것은 십년지계,
사람을 심는 것은 종신지계

끊임없이 실험하고 고민하는 조직을 만들어라

'교육은 백년지대계'라는 말이 있다. 우리나라 교육정책이 워낙 자주 바뀌다 보니 이를 비판하는 말로 이 말을 쓰기도 한다. 그러나 이 말의 핵심은 사람을 교육하는 것이 100년 이상 가야 할 중요한 계획이라는 데 있다. 원래 이 말은 중국 제나라 재상 관중이 썼다고 알려진 《관자》라는 책의 "곡식을 심는 것은 일년지계, 나무를 심는 것은 십년지계, 사람을 심는 것은 종신지계(終身之計)"라는 구절에서 왔다. 그 바로 뒷 구절에는 이런 말이 나온다. "곡식은 한 번 심어서 한 번을 얻고, 나무는 한 번 심어 10배를 얻고, 사람은 한 번 심으면 100배를 얻는다." 100년을 바라보고 사람을 교육하면 그 사람으로부터 100배의 결실이 온다는 뜻이다.

경영에 대해 고민하며 이 책 저 책을 살피다 보면 '사람'이 중요하고 '학습'이 중요하다는 말은 어디에서든 빠지지 않는다. 그러나 이 책을 읽고 있는 당신도 가만히 생각해보자. 당신의 조직은 얼마나 공부하고 있는가? 어떤 시스템으로 직원들을 학습시키고 있는가? 혹시 당면한 문제를 처리하는 것을 최우선으로 생각하며 "그거 다 됐어?"라는 말만 반복하고 있지는 않은가?

하림은 '우리가 쓸 사람은 우리가 키운다'라는 모토 아래 사람을 교육하는 데 가장 많은 노력과 시간, 비용을 들였다. 사람을 키우는 것은 평생을 바라봐야 하는 일이지만 기업에는 100배의 이득을 가져오는 일임을 알았기 때문이다. 하지만 나무든 벼든 그냥 둔다고 자라지 않는다. 물을 주고 잘 자라고 있는지 늘 관심을 갖고 바라봐야 하며, 끊임없이 돌봐주어야 한다. 기업에서는 그것이 바로 학습이다.

학습은 콩나물시루다, 물은 빠져나가도 콩나물은 자란다

● ● ●

콩나물시루가 무엇인지 알 것이다. 물을 주면 주는 족족 빠져나가지만, 어느 날 보면 콩나물이 쑥쑥 자라 있다. 나는 기업에서 학습조직을 만들어야 한다고 강조할 때마다 이 콩나물시루에 비유하곤 한다. 지금 당장은 투자하는 만큼 빠져나가는 듯 보이지만, 학습은 절대 배신하지 않는다고 말이다. 물은 빠져나가도 콩나물은 자라는 것처럼, 어느 순간 조직원들이 쑥쑥 성장해서 업무의 결과로 그 노력의 빛을 보여주기 때문이다.

학습 조직의 중요성에 대해 앞에서도 강조했지만, 이 파트에서 한 번 더 정리하는 것은 그만큼 이것이 곧 미래를 위한 준비와 연결되기 때문이다. 지혜로운 사장은 당장의 이익을 바라보며 회사를 운영하지 않는다. 생존을 위해 당장의 이익을 추구하는 것은 기본이겠지만, 미래를 잇는 기업, 전설을 이루는 기업의 사장은 조직의 10년 후를 내다보며 계획을 짠다. 그중 가장 중요한 것이 바로 사람을 키우는 것, 즉 교육이다. 물론 어려운 형편에 힘 들이고 돈 들이고 시간 들여 키운 사람이 회사를 배신하고 나가버리는 경우도 있다. 앞에서도 말했지만 내가 사랑하는 만큼 직원이 나를 사랑해주리란 생각은 금물이다. 결국, 사장은 끝까지 남아 자신의 아바타가 될 직원, 마니아처럼 신명 나게 일할 사람을 키우며 가는 것이다. 그렇다면 왜 자꾸 '학습조직'의 필요성을 강조할까? 학습조직이 되지 않는다면 정말 기업의 미래는 없는 것일까?

학습조직은 급변하는 경영환경에 대응하여 생존하기 위한 전략이다. 학습된 조직은 전략경영 능력이 향상되고, 생산적 학습을 통해 창의력이 극대화된다. 실제로 지식은 토지, 자본, 노동의 생산성보다 훨씬 높은 부가가치를 보여준다. 따라서 모든 조직 구성원들이 학습으로 무장된다면 조직 전체에 대한 근본적인 변화가 지속적으로 일어나며 회사 자체가 쑥쑥 성장한다. 중소기업 중에는 학습시스템이 잘 구축되어 있는 경우가 드물다. 하지만 내 컨설팅을 받고 이러한 시스템을 잘 구축한 경우, 그 조직원들에게서 몇몇 특징이 나타나는 것을 볼 수 있었다.

먼저, 최종적인 해답을 구하기보단 끊임없이 실험하고 고민하는 조직으로 발전한다. 또 직원 간에 공부하는 문화(독서 포함)가 정착되어 조직역량이 향상된다. 끊임없이 토론하고 논쟁하는 문화가 형성되어 생산적이고 역동적인 조직문화가 구축된다. 과거 행동을 방어하기보다 새로운 방법을 고민하는 문화로 변화한다. 또 문제제기를 제거하기보다는 장려하는 문화로 변화한다. 이렇게 꾸준히 학습을 하다 보면, 구성원의 능력이 개발됨은 물론 내부 노동인력 가치의 상승효과를 볼 수 있다. 그러한 조직원들은 대체로 직무 만족도가 높으며, 자율적 업무 프로세스도 개선된다. 모든 중소기업 사장들이 머리를 싸매고 고민하는 이직률 감소 효과도 볼 수 있으며, 유연한 조직구조가 만들어진다.

작은 조직에서 어떻게 성공적인 학습조직을 구축할 수 있을까?

● ● ●

어떤 사장은 요즘 자기계발과 정보습득에 24시간 중 10시간을 쓰고 있다고 자랑한다. 그러면 나는 그 사장에게 물어본다. "회사 직원들은 어떻게 하고 있나요?" 사장이 열심히 공부한다고 해서 직원들이 같이 열심히 공부하는 건 아니다. 물론 사장이 솔선수범해야 하는 건 맞지만, 그것만으로 학습조직을 만들기는 힘들다는 뜻이다. 사장이 발전하고 시장이 발달하고 회사가 발전하는데 사원이 발전하지 못한다면 그것은 절름발이다. 조직원과 회사는 같이 발전해야 하며, 하림 역시 그것이 늘 숙제이며 목표였다. 그것을 채우기 위해 만들었던 것이 바로 독서 경영이었고, 마케팅 스쿨이었으며, 3인 학습 시스템이었다.

작은 조직은 작은 조직에 맞는 시스템을 구축하는 게 중요하다. 독서 경영은 그중 매우 좋은 툴이라고 할 수 있다. 그러나 대부분 그 방법이 잘못되었다는 것이 문제다. 독서 경영의 방법은 앞에서도 설명했지만, 책을 사주고 "열심히 읽어라." 하는 데 있지 않다. 반드시 책을 잘 읽었는지 확인하는 데 그 핵심이 있다. 작은 조직일수록 이런 시스템을 활용하기는 쉽다. 3인이든 5인이든 팀을 짜서 스터디하게 하고, 회의를 열어 질문하고 발표하고 답변하고 피드백하는 시간을 가져야 한다. 사장이 직접 참여하면 효과가 극대화됨은 물론이다. 이는 곧 사장도 직원도 최소 4~5시간 이상 책을 숙지하고 공부하지 않으면 이루어질 수 없다는 이야기다.

또한 각 조직원이 습득한 지식을 회사의 자원화시키는 과정도 중요하다. 나는 내가 배운 것을 여기저기 떠들고 다니는 것에 달란트가 있었는데, 발 빠르게 새로운 정보를 입수하고 그것을 숙지한 다음 커리큘럼으로 만들어 직원들에게 재분배하는 것을 큰 사명으로 여겼다. 내가 아는 것보다 더 많이 아는 직원이 나올 때까지 가르치고 또 가르쳐서 매우 타이트하게 지식이 재분배되도록 했다. 이렇게 지식 수준이 높아지면 직원들은 주체적으로 생각하고, 가공하고, 판단하는 능동적 사고를 하게 되고, 모든 직원이 같은 언어를 사용함으로써 일의 효율을 높이는 효과를 가져온다. 동일한 실수가 반복되거나 업무중복이 빈번하게 발생하고, 핵심소수 인력에 대한 의존도가 높은 현상은 모두 지식의 공유가 부족한 데서 오는 특징이다.

마지막으로, 독서경영, 스터디그룹 만들기, 지식공유 및 조직의 역량을 평균 상향시키는 다양한 시스템을 도입했다면 이 학습의 결과를 인사평가에 반영하는 중요한 단계가 남았다. 회사는 동아리 모임이 아니다. 생존과 성공을 위해 우리 회사를 선택한 직원은, 자신이 학습한 만큼 그것을 일에 반영하고 그 대가로 적절한 보상이 주어지는 것을 기뻐할 것이다. 동기부여가 된 직원은 학습이 즐거워지고 점점 더 능동적으로 변화하게 된다. 학습조직을 만드는 데는 초기에 일정 비용이 들 수 있으나 점점 그 비용은 줄어들고 그로 인해 도출되는 긍정적 결과는 높아지게 된다.

노력은 우리를 배신하지 않는다는 말은 기업의 학습 효과에 가장 맞는 말이다. 공부하지 않는 사장, 공부하지 않는 직원은 미래를 거머쥘 수 없다. 사장은 자신이 교육에 관심을 갖고, (무엇보다 그 효과를 믿고) 미래를 대비하는 만큼 결국엔 경쟁에서 이기고 남들보다 앞서갈 수 있다는 사실을 잘 알아야 한다. 이를 놓치고 당장의 업무에만 급급한 사장은 수동적이고, 의존적인 직원을 끝없이 양성해낼 뿐이다.

CHAPTER 5 ●●●

4차 산업혁명 시대에 필요한
사장의 자질

세상은 변하는데 사장만 옛날 사람?

눈을 뜨니 세상이 변했다! 100년도 채 안 되는 짧은 인생을 살며 이런 경험을 몇 번이나 할까 싶었는데, 생각보다 너무 많은 것이 급변하고 있어 자고 일어나면 뉴스를 보기가 두려워질 때가 있다. 아직 나는 청춘이라고 생각했는데(마음만은) PC가 생겼을 때, 스마트폰이 생겼을 때, 유튜브가 생겼을 때… 벌써 여러 차례나 세상이 정말 크게 변하고 있다는 것을 절감했다. 그리고 이제 우리는 '메타버스'의 시대 앞에 와 있다.

한동안 '4차 산업혁명'이라는 단어가 인터넷을 도배하고 서점가에 이 키워드를 중심으로 한 책들이 쏟아져나온 적이 있다. 교육계, 기업계 등 각 분야는 4차 산업혁명의 변화 앞에 어떻게 대응해야 할 것인지 고민하고 빨리 적응해 시장을 장악하기 위해 노력하고 있다. 4차 산업혁명이란 전자기기, IOT, 전자정보 기술을 이용한 인터넷 기술의 3차 산업혁명 기반에 AI, IOT, 로봇, 3D 프린팅, 바이오공학이 추가된 개념이다. 이러한 변화는 일하는 방식, 사회적, 경제적, 관계적인 면에서 변화를 불러온다. 예를 들어, 사회구조가 전통적인 피라미드 형태의 개미사회에서 각종 정보가 즉각 공유되는 거미사회로 이동하고, 블루칼라와 화이트칼라의 경계가 무의미해지며(대신 지식근로자인 '골드칼라'가 중심이 됨), 가정이 곧 직장인 시대, 디지털 컨버전스 시대, 유비쿼터스 시대(IOT)로 변화함을 의미한다.

4차 산업화 시대에서는 누구는 알고 누구는 모르는 정보란 존재하지 않는다. 전 세계가 한 동네로 들어와 세상 모든 사람이 동시에 알고 동시에 행동하게 된다. 이제 어지간한 연예인보다 유튜브 인플루언서가 더 많은 돈을 벌며, 한 명의 개인이 웬만한 중소기업보다 높은 수익을 올리는 시대가 되었다. 개인 신문사, 개인 방송국, 개인 출판사를 가지는 1인 미디어 시대가 된 것이다. 지식경영 사회는 농경사회에서 산업사회로 변화했던 속도의 10배 이상으로 급격하게 변화한다. 이런 시대에 발맞추지 못한다면, 즉, 이 시대를 읽고 고객에 대응할 준비를 하지 못한다면 그 회사는 과거의 화석처럼 남게 된다.

4차 산업혁명 시대,
CEO에게 필요한 최소한의 자질

● ● ●

4차 산업혁명은 일하는 방식의 변화도 가져왔고, 관계를 맺는 방식과 이를 관리하는 방식에도 변화를 가져왔다. 비밀이 없이 모든 정보를 전 세계 사람들이 동시에 공유한다는 것은 그만큼 차별화된 전략을 찾기가 힘들어졌다는 뜻이기도 하다. 따라서 사장은 이 시대의 흐름을 잘 읽고 미래를 준비해야 한다.

나는 강의를 하면서 4차 산업혁명 시대에 필요한 사장의 자질에 대해서 간단히 정리해주곤 한다. 사장은 기업이라는 오케스트라의 지휘자로서 조직의 문화를 만들고 관리해야 하는 중요한 직위를 지닌 사람이다. 지휘자는 모든 악기에 대해 잘 알고 있으며, 각기 다른 소리를 내는 악기들을 한데 모아 아름다운 작품을 완성하는 역할을 담당한다. 모든 연주자는 악보에 따라 자신이 맡은 악기에 집중하지만 한시도 지휘자에게서 눈을 떼지 않는다. 지휘자의 눈빛, 손짓, 표정을 읽으며 자신이 지금 곡의 어느 부분에 와 있는지, 이 부분에서 어떻게 연주해야 최고의 완성된 연주를 할 수 있는지 읽어내려 최선을 다한다. 지휘자가 안정적으로 지휘하며 자신에게 끊임없이 사인을 보내고 있다는 사실을 알면, 연주자 역시 안정감을 느끼며 자신의 달란트를 마구 뽐낸다. 그러나 약속된 사인을 보내지 않거나, 불안하고 불안정한 모습을 지휘자가 보인다면 연주자들 역시 불안감을 느껴 달란트를 충분히 발휘하지 못한다.

이렇게 한 조직의 수장으로서 조직을 책임지는 사장은, 다른 누구보다 4차 산업혁명이라는 변화의 시대에서 앞서가야 한다. "사장님, 혹시 그거 아세요?"라는 질문을 받는 사장이 되지 마라. 사장은 누구보다 앞서 있으면서 지식과 정보를 습득하고, 그것을 직원에게 전파하는 얼리 어답터가 되어야 한다. 미래를 주도하고 시장에서 뒤처지지 않으며, 훌륭한 지휘자로서 직원을 움직이는 사장이 되기 위해 다음 6가지를 기억하라.

- 개혁이란 '혁명'이 아니라 끊임없는 '개선'이다. 작은 변화에도 민감하게 반응하며 작고 지속적인 변화를 추구하라.
- 분석은 치밀하게 수십 번 종이 위에서 하되, 결정은 과감하게 하라. 공부하는 사장만이 살아남고, 실패를 두려워하지 않는 사장만이 미래를 잡는다.
- 지시는 10% 확인이 90%. 직원과 관리자, 사장과 직원 간의 네트워크를 촘촘하게 만들고 서로가 서로를 관리하며 빈틈이 없게 하라.
- CEO의 눈과 귀는 항상 현장에 가 있어야 한다. 문과 무를 겸비한 사장이 되어라. 지식과 정보에 밝은 동시에 현장을 읽으면서 모든 상황에 대비하라.
- 내 손안의 '지니'를 활용하라. 디지털 능력을 키우고 모든 사업에 활용하라. 디지털 정보에 있어 직원보다 뒤처지는 사장이 되어선 안 된다.
- 모든 업무에 CCP(Critical Check Point)를 발견하기 위해 항시 지켜보라. 사장의 관심은 '잘 되는' 곳보다 '안 되는' 곳에 가 있어야 한다. 문제가 있는 곳, 잘 안 풀리는 사업과 부서에 더 관심을 둬라.

하림의 비약적인 발전은 김홍국 회장의 동물적 감각에 과학적 데이터와 시스템, 학습이 결합되면서 이루어지기 시작했다. 나는 그 모든 과정을 직접 경험하면서 사장의 마인드와 노력이 얼마나 중요한지 큰 깨달음을 얻었다. 그리고 누구나 위에서 말한 사장의 자질을 여러 번 곱씹으며 실행으로 옮긴다면, 변화하는 시장을 장악하는 '사장의 촉'을 가질 수 있다고 믿는다. 우스갯소리로 전생에 큰 죄를 지으면 이생에서 중소기업 사장이 된다고 하지만, 내가 만난 모든 사장은 크든 작든 한 회사를 책임지는 비범한 존재임이 분명했다. 그러나 아무리 번뜩이는 아이디어를 가진 사장도 공부하지 않고 고객을 중요시하지 않으며 시대와 시장을 읽지 못하면 곧 그 빛을 잃어버리고 만다. 모든 사업에는 '운'이 따라주어야 한다는 말을 자주 하지만, 그 운을 만드는 것도 사람의 몫이다. 노력은 절대 배신하지 않는다는 말을 믿어라. 사장의 닳은 구두굽만큼, 사장의 낡은 만년필 촉만큼, 회사는 성공을 향해 달린다.

우리 회사는 언제, 어떻게 확장해야 할까?

• • • • •

촉이 있는 사장은 '우리가 언제 사업을 확장해야 할까?'에 대해서도 늘 촉각을 곤두세운다. 무조건 회사가 잘 되고 있을 때 확장하는 것이 답은 아니다. 때로는 위기의 상황에서 관점을 변화시키면 그것이 곧 확장의 기회가 되기도 한다. 무엇보다 정보를 분별하는 힘이 중요하다. 사장은 끊임없는 네트워크 활동을 통해 인프라를 구축하고, 자신이 지금 하고 있는 사업과 연관 있는 기업을 인수해 시너지를 내고자 하는 마인드를 가지고 있어야 한다. 그러려면 지금 내 사업의 맹점은 무엇인지, 잘되고 있다 하더라도 더 큰 성장을 위해 바꾸어야 할 관점은 무엇인지 지속적으로 고민해야한다.

이 부록 파트에서는 내가 12년째 컨설팅을 해오고 있는 한 기업과, 효율적인 M&A로 사업 확장에 성공한 한 업체, 총 2개의 사례를 간단히 이야기하려고 한다. 촉이 있는 사장들은 두 사례를 보며 자기 사업의 현주소를 살펴보고 인사이트를 얻길 바란다.

1. 관점을 바꾸고 성공 궤도에 진입하다, '한울'

편의점에서 유명한 꼬마김치를 생산하는 '한울'이라는 회사가 있다. 김치 회사로 시작했는데, 비비고, 종가집이라는 브랜드 때문에 김치 하나만으로는 중소기업으로 살아남기가 힘들었다(대기업에 끼어 질식 직전이었다). 컨설팅을 하면서 사장은 '종가집과 CJ와 어떻게 싸워야 하느냐?'를 고민하고 있었다. 그때 내가 이렇게 말했다.

"관점을 바꿔봅시다."

"관점이요?"

"김치 하나만으로는 경쟁이 힘드니까요. 결국, 김치가 속해 있는 카테고리가 '반찬' 아닙니까. 그러니 김치가 아니라 반찬으로 갑시다."

내 말에 인사이트를 얻은 사장은 곧바로 반찬을 출시하고, 편의점 도시락에 반찬을 납품했다. 무조림, 진미채, 볶음김치, 메추리알, 꽈리고추 등 농산물을 바탕으로 한 반찬들을 도시락 업체에 공급하자 완전히 차별성이 생기기 시작했다. 7~8년 전 도시락 시장이 커지면서 탄력이 붙어, 한울은 김치 회사에서 반찬을 만드는 식품회사로 탈바꿈한 것이다.

사업의 변환과 확장은 여기에서 멈추지 않았다. 김치와 반찬은 밥을 먹을 때 반드시 필요한 것 아닌가. 즉, 쌀이 있는 곳에는 모두 갈 수 있는 게 김치와 반찬이었다. 그래서 급식 사업으로 진출했고, 케이터링 사업으로도 확장했다. 한울은 충청도에 있는 작은 케이터링 사업을 인수해 기존 매출 몇십억 회사를 200~300억 매출 회사로 키워 놨다. 전략이 잘 먹혀들자, 이제 기존의 김치와 관련해서도 다시 고민에 들어갔다. 다름 아니라, 김치를 생산하면서 묵은지가 나오고 그 묵은지 맛이 탁월한데 이것을 활용할 방법이 없을까에 대한 고민이었다. 묵은지를 판매할 마땅한 채널이 없었던 것이다.

고민 끝에, 김치찌개 전문점을 열기로 했다. '김치도가'라는 식당으로 '김치에 도가 트다'라는 뜻을 가지고 있다. 김치가 맛있어서 어쩔 수 없이 김치찌개를 하는 집이라는 캐치프레이즈를 걸고 시작한 김치찌개집은 현재 20개 정도 체인점을 갖고 있다. 이 점포들은 한울에서 생산하는 김치와 돼지고기, 반찬 등을 납품하니 당연히 100% 한울의 매출로 잡히고, 사업에 시너지가 날 수밖에 없었다. 회사 전체 매출은 200~300억에서 800억까지 상승했고, 현재는 코스닥 상장을 준비하고 있다.

2. M&A를 고민하고 있다면 윈-윈하고자 하는 전략으로 접근하라, '야놀자'

숙박 정보 제공 업체로 잘 알려진 '야놀자'는 가맹만 하는 것이 아니라 직영 모텔을 운영한다. 가맹점이 전국에 몇천 개가 있는데, 야놀자는 기존의 다른 업체처럼 모텔이나 호텔을 수집해서 정보를 제공하고 수수료를 먹는 방식으로 운영되지 않는다. 그것을 포함 각 숙박업체에 컨설팅을 해주는 사업을 하고 있다. 어떻게 하면 좀 더 고객을 끌 수 있을지, 정보 제공 업체이다 보니 여기에 대한 좋은 정보들을 기반으로 컨설팅을 해줄 수 있기 때문이다.

이런 형태의 운영이 성공하자, 야놀자는 숙박업 중개 업체에서 인테리어를 해주는 회사로 사업영역을 확장한다. 숙박업체 컨설팅에는 당연히 인테리어가 포함될 수밖에 없다. 요즘 비주얼을 중요시하는 젊은이들을 사로잡기 위해서는 인테리어는 필수적이다. 이것이 시너지가 나자, 인테리어에 빠질 수 없는 가구인 '침대' 회사 인수를 고민하게 된다. 더불어 미니냉장고, 커피포트, 드라이어 등을 생산하는 소형 가전 전문 업체에 주주로 투자를 한 다음, 가맹 숙박업체들을 컨설팅하고 리뉴얼이 필요할 때마다 자기 회사의 물건을 넣는 식으로 운영하는 전략을 진행 중이다. 소위 '계열화'를 한 것이다. 하림이 병아리부터 시작해 육계 사업을 하듯이 말이다.

'야놀자'는 모텔 계약 사이트라는 단순한 한 가지 사업이 이런 식으로 확장이 가능하다는 것을 보여준다. 모텔은 운영 노하우가 없기 때문에 마케팅을 컨설팅해주는 것은 '윈-윈' 전략이다. 하림의 경우 사료를 전부 미국에서 수입하는데, 배로 실어 올 때마다 그 비용을 내는 대신 STX 팬 오션을 인수하면서 사업이 확장되고 시너지가 났다. 서로 윈-윈이 되는 합병 전략은 기업의 확장에 굉장한 시너지를 가져온다.

Part
05

사장의 촉을 만드는 다섯 번째 원칙

위기를 읽는 촉

"낙관주의자는 위기 속에서 기회를 보고,
비관주자는 기회 속에서 위기를 본다."

– 윈스턴 처칠((Winston Churchill)

CHAPTER 1 ●●●
조직의 가장 무서운 적은
매너리즘이다

직원들을 따분하게 만들지 마라

조직관리에서 가장 큰 문제가 되는 것이 바로 '매너리즘'이다. '매너리즘'이라는 말은 원래 미술양식에서 왔다. 르네상스미술에서 바로크미술로 넘어가는 사이에 이탈리아에서 나타난 과도기적인 미술양식을 매너리즘이라고 한다. 이 두 미술 사이에서 아무런 이슈도 갖지 못했기에 매너리즘이라는 말은 현대와 와서는 '현재에 안주하며 나를 바꾸려 하지 않는다'는 의미로 사용되고 있다. "나 요즘 매너리즘에 빠졌어."라는 것은 어떤 일에 있어서 더 앞으로 나아갈 수 없이 무기력한 상태에 있다는 것을 의미한다.

따라서 조직원들이 매너리즘에 빠지게 되면 그 회사에는 곧 위기가 찾아올 것임을 예고하는 것과 같다. 바구니 속의 게 증후군이라는 말을 들어보았을 것이다. 바구니 안에 여러 마리의 게를 넣어

두면 게는 본능적으로 바구니 밖으로 나오려고 안간힘을 쓴다. 그러나 결코 바구니 밖으로 나오는 게를 찾아보기는 힘들다. 뒤에 있는 게가 나가지 못하도록 자꾸 잡아당기기 때문이다. 누군가 열심히 일한다면 "너만 그렇게 일해?" "대체 왜 그래? 우릴 엿 먹이려는 거야?" 하는 식이다. 이런 조직이 성장하고 성공할 리는 만무하다.

사장이 매너리즘 유발자?

● ● ●

"요새 우리 직원들이 무슨 우울증에 걸린 것처럼 다들 다운되어 있어요. 열정적이었던 직원들마저 다 같이 비슷한 증상이에요."

사업을 하는 사람들 치고 자신의 일이 "따분하다."라고 말하는 경우를 들어본 일은 별로 없다. 사장은 동시에 여러 개의 일이 일어나는 회사를 전체적으로 바라보고 감독하는 역할을 한다. 그런 사장이 따분하다면 그 회사는 정지되어 있다고 보아도 무방하다. 일반적인 사장은 회계팀도 되었다가, 기획팀도 되었다가, 마케팅팀도 되었다가, 인사팀도 되었다가 하면서 자신의 일을 스펙터클하게 처리해나간다. 일을 벌이기도 하고 수습하기도 하고 관리하기도 하고 접기도 하면서 말이다. 그런데 직원들은 어떨까?

만약 우리 회사 직원들이 매너리즘에 빠져 있다면 그것은 전적으로 사장의 잘못일 가능성이 크다. 즉, 사장이 직원들의 매너리즘

유발자가 되는 것이다. 사장이 직원의 매너리즘 유발자가 되는 데는 크게 3가지 이유가 있다.

1. 자신이 스스로 불타오르지 않고 있을지 모른다

일본전산의 나가모리 사장은 열정의 아이콘으로 잘 알려져 있다. 그는 자신을 따르는 모든 직원의 '경영자의 거울'이 되기 위해 솔선수범하는 것으로 유명하다. 그는 회사에 다니는 사람들을 스스로 불타는 사람, 스스로 태우지는 못하지만 옆에서 타오르면 같이 타오르는 사람, 아무리 해도 불타지 않는 사람 3종류로 분류하면서, 스스로 불타는 사람은 100명 중 10~15명에 불과하다고 말한다. 조직에서 열정을 만드는 핵심 키는 "내가 먼저 할 테니 너도 하자." 하며 불을 지피는 존재가 중요한데, 회사에서 이렇게 먼저 불타오르는 사람은 사장, 임원, 팀장이 되어야 한다고 말한다. 사장은 자신이 직원들에게 열정의 영감을 주는 '불씨'인지를 점검해보아야 한다. 그렇지 않다면 다시 불을 지펴 뜨뜻미지근한 상태로 회사에서 서성이는 조직원들을 다시 불타오르게 해야 한다.

2. 직원에게 다양한 경험을 할 충분한 기회를 주고 있지 않거나, 업무 관련 소통을 꼼꼼하게 못하고 있다

내가 제약회사에 영업을 할 당시 한 지역을 절대 2년 이상 담당하지 못하도록 했다. 같은 영업처를 관리하다 보면 매너리즘에 빠지기 쉽고, 돈 관계로 인해 사고가 나는 일도 잦았기 때문이다. 외국계 회사에서는 부서의 경계를 열어두고 한 사람이 다른 부서에서 일할 수 있도록 기회를 활짝 열어두고 있다. 보통 한 직급, 한 부서에서 4~5년 이상 근무하다 보면 매너리즘에 빠지기 마련이다. 매너리즘을 극복하기 위해 메기를 넣어주는 것도 방법이지만, 그 방법이 어느 순간 통하지 않을 때가 오기도 한다. 그러니 순환보직을 통해 다른 부서를 경험하고 자신의 달란트를 점검하는 기회를 주어라. 그리고 매사에 꼼꼼하게 소통하면서, 직원들이 매너리즘에 빠져 있거나 업무에 고충은 없는지 살펴야 한다.

3. 직원이 계속 타오를 동기를 부여하지 않는다

모티베이션이 없는 조직은 금방 붕괴된다. 칭찬은 고래를 춤추게 하고 인센티브는 직원을 꿈꾸게 한다. 합리적인 KPI 시스템을 만들고 끝없는 칭찬과 보상으로 당근을 주며, 적절한 채찍으로 자극해라. 매너리즘을 극복하는 것은 말로만 되는 일이 아니다. 직원을 따분하게 만들지 말라. 일을 놀이로 여기고, 꿈으로 여길 수 있게 만들어라. 작은 목표를 만들어 지속적으로 성취하게 하고, 그것을 달성할 때마다 당근을 주어라. 특진, 보상금, 휴가, 무엇이든 좋다. 사소하더라도 작은 목표를 성취하게 해서 일의 능률을 높이고, 스스로 다음 목표를 정할 수 있게 동기부여해라. 동기부여에 능한 사장은 싸우지 않고도 이기는 결과를 얻는다.

CHAPTER 2

위기는 준비되어 있지 않은 자를 불시에 찾아간다

적색 신호를 기다리지 마라

소셜 미디어 시대가 되면서 이제 '비밀'이란 거의 존재하지 않게 되었다. 텔레비전에 잠깐 스치는 얼굴도 금세 신상이 털리고, 대기업이나 정부에서 쉬쉬하는 일들조차 귀신처럼 찾아내어 누군가가 상세하게 정리해 공유되는 세상이 된 것이다. 믿거나 말거나 그 뉴스들은 일파만파 퍼져서 누구네 집에 무슨 일이 일어나는지 세세하게 알 수 있게 되었다. 이러한 정보의 공유화는 사람들의 지식과 정보의 수준을 보편적으로 높인다는 긍정적 효과도 있지만, 프라이버시를 침범하고 자칫 마녀사냥 등으로 인해 누군가의 삶을 파괴할 수 있다는 부정적인 면도 공존한다.

이런 시대에 더욱 긴장하게 된 것은 바로 기업이다. 과거에는 기업 내에서 일어나는 일은 기업과 관련된 사람들만이 알았지만, 이제는 아주 사소한 정보까지 모두 공유되다 보니 회사의 주가가 그 공유된 정보에 의해 하루아침에 올랐다 내리기를 반복하는 정도까지 왔다. 최근 남양유업 사태를 보며 느낀 점이 많았는데, '남양유업'이라는 단어만 쳐도 각종 블로그와 웹사이트에서 관련 내용을 정리해서 올린 글이 넘쳐난다. 무엇보다 소셜 미디어 시대에서 기업은 위기관리 능력이 중요시된다는 점을 강조하지 않을 수 없게 되었다. 기업에서 위기관리란 오너 리스크, 환경 리스크 등 각 부분에서 일어날 수 있는 다양한 위기들을 관리하는 것을 의미한다.

업무 진행 상황을 진단하는 신호등 경영

● ● ●

과연 문제가 없는 회사가 존재할 수 있을까? 모든 업무에는 항상 기회와 위기가 동시에 존재한다. 하림에서 했던 스피드 경영처럼 기회를 놓치지 않는 것은 매우 중요하다. 더불어 위기가 왔을 때는 그 위기를 미리 예측하고 이를 극복할 수 있는 경영시스템을 갖추는 것 또한 중요하다. 이 책의 파트1에서 이야기한 것처럼 [If 시나리오]를 통해서 2번, 3번 플랜을 갖추는 것은 기본 중의 기본이다.

위기를 막고 이에 대비하기 위한 경영시스템 중 높은 효과를 보여주는 것이 바로 '신호등 경영'이다. 신호등 경영이란 사전 종합건강진단 시스템과 같다. 이미 오래 전 GE, 마이크로소프트, 휴렛팩

커드, 델 등이 디지털 경영시스템과 접목하면서 연 매출을 올렸다. 이를 본 코오롱, 금호아시아나 등의 중견그룹들이 이들을 벤치마킹하여 잇따라 신호등 경영을 도입했다. 내가 하림에 있을 때도 신호등 경영을 도입했는데, 신호등 경영이란 생산라인과 판매 현장에 생산성, 재고, 판매, 불량 등을 한눈에 알아볼 수 있도록 신호등 색깔인 빨강, 초록, 노랑으로 표시하게 한 시스템을 말한다. 신호등 경영이 사전 종합건강진단과 같다고 한 이유는, 사전에 적색 경고등이 뜨지 않도록 수시로 점검하는 시스템이기 때문이다. 우리가 종합건강진단을 받는 이유는 암과 같은 큰 질병을 예방하기 위해서다. 사소한 사인들을 무시하고 두었다가 갑자기 시한 선고를 받는 일은 누구에게나 엄청난 위기가 된다. 그러나 이러한 위기는 늘 준비되지 않은 사람에게 불시에 찾아온다. 신호등 경영은 모든 업무의 진행을 세세하게 체크하도록 해서, 만일에 일어날 문제를 최대한 막고 혹여 문제가 생겨도 어느 단계에서 왜 그 문제가 생겼는지 빨리 파악해 문제에 대응할 수 있게 해준다.

과거 국내에서 이 신호등 경영 시스템을 도입해 기존보다 몇 배 이상의 원가를 절감하고 생산성 증대 효과를 거둔 이유는, 그동안 업무 현장에서 일어나는 리스크들을 효율적으로 관리하지 못했기 때문이다. 적색 신호가 올 때까지 속수무책으로 기다리거나 문제가 일어나는지도 모르고 있다가 갑작스럽게 큰 사고를 맞아 한 번에 큰 기업이 무너지는 사건도 여러 차례 있었다. 앞에서 말한 것처럼 내 몸이 지금 노란불인지, 초록불인지, 빨간불인지 계속해서 체크하지 않으면 나도 모르는 사이 거대한 암덩어리가 몸 전체로 퍼져나가고 있을지 모르는 일이다.

위기를 잘 관리하기 위해서 가장 중요한 것은 철저한 준비밖에 없다. 며칠 전 기사를 보니 김해에 생긴 코스트코에 인파가 몰려 그 줄이 끝이 보이지 않을 정도였다고 한다. 코스트코의 단독 제휴사인 현대카드 정태영 부회장은 코스트코를 향해 '현장을 최우선으로 하는 기업' '상품 경쟁력이 뛰어난 기업' '스피드 경영을 실천하는 기업'이라며 놀라워했다. 그는 김해점 개장을 앞두고 방한한 코스트코의 최고경영자인 크레이그 옐리네크와 함께 매장을 둘러보았는데, 매번 매장을 열 때마다 찾아와 꼼꼼하게 매장을 체크하는 모습을 보며 감탄했다고 한다. 전 세계에 오픈한 매장 수만 해도 엄청날 텐데, 바쁜 일정에도 불구하고 매번 매장을 찾아가 형식적인 점검이 아니라 정말 세세하고 꼼꼼하게 둘러본다는 것이 놀라웠다는 것이다.

위기에 강한 조직은 대부분 이러한 특성을 가진다. 즉, 사전에 모든 것을 철저하게 점검하면서 완벽을 추구한다. 적어도 내가 맡은 일에 있어서는 조금의 실수도 나지 않게 준비하겠다는 마인드. 사장과 전 직원에게 이런 마인드가 장착된다면 위기는 그 회사를 피해 간다. 자신에게 자리를 내줄 리 없다는 것을 잘 알기 때문이다.

물론, 그런 조직은 위기가 왔을 때도 유연하게 대처한다. 결코 위기에게 성공의 기회를 내어주지 않는다. 오히려 그 위기를 기회로 삼아 더 도약할 방법을 찾는다. 이것이 살아있는 조직의 특성이다.

주치의를 두어, 암을 예방하라

● ● ●

벌써 오래 전 일이지만, 하림은 많은 돈을 투자해 각 부서마다 컨설팅을 받게 했다. "컨설팅은 회사가 어려울 때 받는 것 아닌가요?"라고 묻는다면, 당장 생각을 바꾸라고 대답하겠다. 타이거 우즈는 세계 최고의 골퍼지만 코치가 있었다. 그의 코치는 컨설턴트이자 주치의가 되어 그가 잘하고 있는지, 전보다 떨어진 점은 없는지, 어떤 점이 더 성장했는지, 혹시 위기 요소는 없는지를 계속해서 파악하고 분석해서 대안을 내놓았다. 코치는 당연히 최고의 전문가로서 타이거우즈에 대해 누구보다 잘 알고 끊임없이 성장을 위해 함께했다.

기업에서 컨설팅은 타이거우즈의 코치처럼 자신이 모두 판단할 수 없는 기업의 각 부분에 대해 정확한 진단과 처방을 내려준다. "우리 회사에는 아무런 문제가 없다."라고 자부할 수 있는 사장은 거의 없을 것이다. 중소기업의 경우 특히 그렇다. 혹자는 대기업에만 컨설턴트, 코치가 필요한 거라고 생각하지만 절대 그렇지 않다.

하림은 아직도 전문가들을 통해 끊임없는 코칭을 받고 있다.

특히, 김홍국 회장 주변에는 항상 싱크탱크가 있었다. 회계사, 변호사, 마케팅 전문가, 사료 전문가, 사육전문가, 정부사업 전문가 등 기타 각 분야의 전문가가 있었다. 이건희 회장은 일본에서 전문가를 많이 활용했다. 우리가 일본에 뒤져있을 때 그들을 활용해 수준을 올렸다. 중소기업에서는 고급 인력을 구하기 어려우니 전문가 그룹을 두고 수시로 조언을 받는 것도 방법이다. 우리 회사에 필요한 전문가들의 리스트를 정리하고 차근차근 도움을 받는다. 누가 필요하며 어떻게 도움을 받을 것인가. 어떤 순서로 어떻게 접근할 것인가를 고민한다. 아무리 똑똑한 사장에게도 주치의는 필요하다. 회사의 성공에 기꺼이 기여해줄 조력자를 찾고, 그들에게 컨설팅을 받아라. 이러한 준비는 반드시 위기를 기회로 바꾸는 데 큰 바탕이 된다. 그리고 전문가로부터 컨설팅을 받았다면, 그 내용을 직원들과 공유하고 질문 내용들을 검토하고 공유하는 과정은 필수다. 안에서 생각하지 못한 부분에 대한 인사이트를 주고, 외부에서의 성공사례 등을 통해 조직에 새로운 마인드와 동기부여를 시켜주는 게 컨설턴트이다. 컨설팅의 처방을 무시하거나 조직에 공유하지 않거나, 실행하지 않으면 컨설팅은 돈 낭비가 되고 만다.

암을 예방하는 방법에는 여러 가지가 있지만, 암에 걸리지 않는 식습관, 생활습관으로 평소 몸을 관리하는 것이 가장 좋은 방법이다. 즉, 철저한 준비만큼 좋은 대응책은 없다는 뜻이다. 그리고 수시로 점검하는 것이다. 내 몸을 나 스스로 다 알 수 있다고 생각하는 것은 얼마나 위험한 착각인가. 기업도 마찬가지다. 기업에 전문가가 필요한 것은 사장이 혼자서 모든 걸 다 판단할 수 없기 때문이다. 판단 자체를 그들에게 맡기라는 뜻이 아니다. 그들이 해주는 조언을 참고하고, 평소 궁금한 것들과 중요한 질문을 통해 인사이트를 얻으라는 뜻이다. 싱크탱크는 사장의 수준을 높여주고 사장의 촉을 자극하여 더 명쾌한 판단을 하게 해준다. 그들은 사장의 수준을 높이고 회사 전체의 역량을 끌어올린다.

CHAPTER 3

변화에 민감한 사장이
위기에 강하다

전세가 불리하면 전쟁터를 바꾸고 싸우는 방법과 무기도 바꿔라

앞에서 그런 이야기를 한 적이 있다. '한 번 정한 목표를 언제까지 가져가야 옳은 것인가?'에 대해서 말이다. 모든 회사는 연초에 1년 계획을 짜고, 인사이동도 대부분 1년에 한 번 이루어진다. 조직개편도 물론이다. 사장은 4분기부터 그해의 실적을 파악하면서 '내년에는 어떻게 회사를 운영해야 올해의 실패를 막고 성공을 극대화할 수 있을까?'를 고민한다. 이때 '내년의 계획'에는 여러 가지가 포함된다. 경영 계획, 사람 계획, 자금 계획, 마케팅 계획 등. 이 계획은 매우 신중하게 이루어진다. 금년도 실적과 회사 상황을 전체적으로 고려하고, 시장의 트렌드도 반영한다. 그렇기에 보통 사장들은 한 번 정한 계획을 잘 바꾸려고 하지 않는다. 어떤 사장은 마치 그것을 '줏대 없다'라고 생각하거나, '변하는 건 딱 질색'이라고 잘라 말하기도 한다.

그러나 변화에 민감하지 않은 사장과 그 조직의 함정은, 매너리즘에 빠지기 쉽다. 앞에서도 말했듯 매너리즘은 곧 회사의 위기를 가져온다. 사람은 변화하는데 조직의 시스템은 변하지 않고, 세상은 변화하는데 사장의 마인드는 변하지 않고, 시장은 변화하는데 고객을 바라보는 관점을 바꾸지 않는다면 어떻게 될까? 그 회사는 매우 여러 방면에서 위기에 빠질 가능성이 커진다. 나는 오랫동안 여러 중소기업의 컨설팅을 해오면서 변화에 둔감하고 트렌드에 무지한 사장이 그 조직을 얼마나 큰 위험에 빠뜨릴 수 있는지 보아왔다. 물론, 경영에 대한 본질, 사람에 대한 본질, 돈에 대한 본질은 변하지 않는다. 그러나 MZ세대와 기존 세대가 융화되지 못해 여러 가지로 골머리를 썩이고 있는 조직, 급변하는 트렌드와 고객의 마음을 따라가지 못해 자꾸 뒤처지는 조직, 분명 조직 여기저기에서 삐걱거리는 소리가 들리는데도 시스템을 바꿀 엄두를 내지 못해 외면하는 조직… 이 조직들은 지금껏 힘겹게 쌓아온 것들이 한번에 무너질 수 있다는 위기의식을 반드시 가져야 한다. 우리 몸은 관리를 통해 건강을 지킨다고 했듯, 기업 역시 끝없는 관리와 그에 대한 민감한 대응을 통해 건강을 지킬 수밖에 없다.

나는 이번 장에서 최근 변화하는 조직 시스템의 방향성에 대해 짚고 넘어가려고 한다. 이 책이 출간될 즈음 또 다른 트렌드가 여기에 반영될 수 있다. 모든 사장은 매일 아침 최신 트렌드를 반드시 접하면서, 트렌드를 앞서는 조직, 변화를 두려워하지 않고 과감하게 계획을 조절할 수 있는 사장으로 거듭나야 할 것이다.

조직 시스템에도 트렌드가 있다, 변화를 읽고 수시로 반영하라

● ● ●

최근 변화하는 기업 트렌드는 다음 8가지로 요약해볼 수 있다. 첫째, 높은 관리계층 구조에서 낮은 관리계층 구조로, 둘째, 높은 곳에서의 일방지시에서 자율적 협의로, 셋째, 수직적 관계에서 수평적 관계로, 넷째, 권한 집중에서 권한위임(Empowerment) 방식으로, 다섯째, 내부 통제화 시스템에서 네트워크화 시스템으로, 여섯째, 과 부제에서 팀 제도로, 일곱째, 기능 중심에서 프로세스 중심으로, 여덟째, 계획 통제 중심에서 지원 중심으로. 더불어 기업이 추구해야 할 방향성은 크게 4가지 면에서 다음과 같은 요소가 중요시된다.

1. 고객지향성
• 고객의 욕구와 가치를 충족시킬 수 있는 조직설계 및 관리
• 기업 생존의 제1요소

2. 개인지향성

- 구성원 개인과 팀의 자율성과 창의성을 극대화시킬 수 있도록 조직설계 및 관리
- 목표관리 시스템 (MBO)의 도입 및 적용

3. 공생지향성

- 타 조직과 상호신뢰와 협력관계를 조성하여 공생적 이익추구가 가능하도록 조직 설계 및 관리
- 외부 조직과의 신뢰, 협력관계 구축(Network, Platfrom)
- 핵심역량 이외의 활동을 적극적으로 아웃소싱(Outsourcing)

4. 학습지향성

- 지식을 공유, 창출 관리할 수 있는 학습조직화
- 개인 및 집단에게 학습동기부여와 관리 시스템 운영
- 학습인, 학습조직으로 지속적인 변화 추구
- 지식경영시스템(Knowlege Management System) 구축

최근의 조직 변화는 고객지향성으로 가고 있다. 마케팅 오리엔 트, 고객 오리엔트 되고 있다는 것이다. 생산자 중심이 아닌 고객의 욕구와 가치를 충족시킬 수 있는 조직이 되는 방향으로 변화하고 있다. 따라서 당신의 조직이 생산자, 제조자, 공급자 중심의 조직인 지 아니면 고객 중심의 조직인지 분석해보기 바란다. 내가 하림에 근무하던 시절, 조직도 피라미드를 역피라미드로 그렸던 적이 있 다. 제일 위에 고객이 있고 제일 밑에 CEO가 있는 것이다. 고객 중 심으로 가는 것은 이제 조직관리의 당연한 방향성이 되었다.

두 번째는 개인지향성이다. 이전에는 팀이나 조직을 위해 개인의 희생을 강요했다. 그러나 이제는 구성원 개인의 자율성과 창의성을 극대화할 수 있도록 조직을 설계하고 관리한다. 특히나 IT나 이커머스와 같은 새로운 사업들에 있어서는 개인지향성에 대한 부분이 중요한 조직변화의 흐름으로 작용한다. 군대와 같은 조직문화는 이제 완전히 사라진다. 아직도 종종 뉴스에서 사장의 갑질을 비롯 상하 수직적인 구조의 문화로 인해 사고가 발생하는 것을 보게 되는데, 과거 정보가 공유되지 않을 때와는 달리 이제는 모든 사람들과 이런 정보들이 공유됨으로써 기업의 이미지가 하루아침에 하락하고 공든 탑이 무너지는 위기의 상황으로 치닫게 된다. 이렇듯 개인지향성으로 간다는 것이 최근 조직관리 방향의 큰 흐름이다.

세 번째는 공생지향성이다. 타 조직과 상호신뢰와 협력관계를 조성하여 공생적 이익추구가 가능하도록 조직을 설계하고 관리하는 것이다. 즉 외부조직과의 신뢰, 협력관계를 구축함으로써 공생지향성이 되므로, 핵심활동 이외의 외부활동을 적극적으로 장려한다. 내가 잘하는 것은 내가 하고 그렇지 못한 일은 전문업체에 맡겨 공급을 받는, 아웃소싱을 통해 핵심역량에 집중할 수 있도록 하는 것이다. 조직을 아웃소싱한다는 것이 잘 이해가 되지 않을지도 모른다. 그러나 영업을 위탁할 수도 있다. 최근에는 작은 조직들이 세무, 회계와 관련된 것까지 전문가를 찾아 아웃소싱해서 내부 인력은 기획과 마케팅에 집중함으로써 인력이 분산되는 것을 막기도 한다. 이것 역시 조직을 아웃소싱하는 것이다. 이처럼 내가 잘하는 것과 못하는 것을 나누어 핵심역량에 집중하고 다른 일은 아웃소싱하는 것, 이것 역시 최근의 조직관리 흐름의 변화라고 볼 수 있다. 개인이나 회사가 송사가 있을 때 본인이나 회사 법무팀이 재판정에 나가는 것이 맞는지, 법률 전문가에게 맡기는 것이 나은지 생각해볼 문제이다.

네 번째는 학습지향성이다. 이제 대학교에서 4년 동안 배운 것을 토대로 30년 동안 써먹는 시대는 지나갔다. 이제는 평생 학습개념이 들어왔다. 회사도 마찬가지다. 회사에서도 학습조직을 구축해 자기 조직원들을 끊임없이 훈련시키고 학습시킨다는 얘기다. 지식을 공유하고 창출할 수 있도록 학습을 조직화시키는 조직이 최근 조직관리의 추세다. 모든 사장은 지금 우리 회사가 '학습조직인가?'에 대해 끊임없이 자문해야 할 것이다. 더불어 업무와 관련된 것을 넘어 조직원의 역량을 높여주기 위한 프로그램이 있는지도 고민해보아야 한다. 이 학습지향성은 개인은 물론이고 조직원 전체에게 학습동기 부여와 관리 시스템을 넣어줄 수 있는 기회다. 이것이 발전되면 KM시스템이라는 시스템이 구축될 수 있는데(일명 KMS, Knowlege Management System), 이것을 날리지 매니지먼트 시스템이라 한다. 요즘에는 ERP(전사적자원관리)가 다 운영되므로 그룹이나 ERP에서 구현이 가능한 시스템이다. 이 학습조직의 결론은 사장이 가지고 있는 전문지식 및 경영지식과 그 나머지 조직이 가지고 있는 모든 지식을 시스템에 집어넣어 공유하는 것이다. 즉 조직이 가지고 있는 지식을 회사의 자산으로 전환시키는 것이다. 이 시스템 역시 내가 하림에 있을 때 구축을 했는데 굉장히 좋은 효과를 보았다. 전체적으로 조직의 수준과 역량을 한 단계 높이는 효과가 있었다.

중소기업을 가보면 많은 오너들이 조직원의 역량을 높이기 위해 독서경연대회를 하거나 세미나에 참석을 시키거나 외부 네트워킹 모임을 보내거나 하는 활동을 시킨다. 그리고 이런 것은 소위 말하는 기성세대들 때는 없던 것들이다. 오히려 예전에는 이런 활동을 하면 눈총을 받았다. 너 할 일이나 제대로 하지 뭐 그런 걸 하고 다니냐는 식이었던 것이다. 그러나 지금은 그렇지 않다. 회사에서 개인의 발전을 위해 노력하는 것은 충분히 지원을 받을 수 있는 일일 뿐만 아니라 기회가 된다면 조직 전체가 더불어 함께할 수 있는 시스템을 만드는 분위기이다.

이외에도 다운탑이라는, 낮은 관리계층에서 높은 조직관리에게 아이디어를 주고 공유하는 조직 시스템과 오너 한 사람에게 권한이 집중되는 것이 아닌 각 조직별로 권한과 기능이 분산되는 시스템(전체적으로 조직의 역량이 상향된다), 네트워크 시스템(통제가 아니기에 수직적 관계가 아닌 수평적 관계가 된다), 프로세스와 매뉴얼 중심(과거에는 기능 중심. 좋은 프로세스와 매뉴얼을 갖춘 회사는 굳이 고기능의 인력이 없어도 된다) 등이 있다. 특히나 이 프로세스와 매뉴얼의 경우 최근에는 모든 식당이 이를 갖추게 되어 주방장이 없어도 식당 운영이 가능한 시스템이 속속 도입되고 있다. 주방장이 따로 필요 없는 시대가 오고 있는 것이다. 이것이 프로세스와 매뉴얼의 힘이다. 고기능의 인력을 내치라는 것이 아니다. 고기능의 인력이 없을 시에도 회사가 그만큼의 성과를 낼 수 있도록 프로세스와 매뉴얼을 구축하여 이를 자산으로 삼으라는 이야기다. 작은 회사는 그에 맞춰 이러한 변화를 적용할 수 있다. 중요한 건 변화의 흐름을 감지하라는 것이다. 변화에 둔한 사장은 성공의 촉을 기를 수 없다. 정말 통찰력 있는 리더는 변하지 않는 본질 위에 변화를 입히는 사람이다. 나는 아무것도 변화하고 있지 않으면서 '왜 우리 회사는 자꾸 위기 앞에서 서는가?' 자책하지 마라. 10년을 내다보고 계획하며, 흐름을 민감하게 읽고 변화를 꾀하는 사람. 그것이 바로 촉을 가진 사장이다.

Epilogue

• ● •

나는 여러 단체에서 활발하게 활동하고 있다. 그중에서도 가장 애착이 가는 곳은 10여 년 전부터 해온 '지식비타민'이라는 단체다. 이 책은 그분들의 관심과 도움이 없었더라면 결코 세상에 나오지 못했을 것이다. 출간 전부터 벌써 뜨거운 관심으로 소식을 보내온 많은 분들에게 이렇게라도 감사의 말을 전한다. 지식비타민의 한 사람 한 사람과는 오래도록 소통하며 평생 인연으로 가길 희망한다.

책을 마무리하면서 많은 생각이 들었는데, 그중에서도 가장 많은 생각이 든 것은 '이제 남은 인생을 어떻게 보내는 것이 가장 의미 있을까?'였다. 그 생각을 하면서 자연스레 일본의 '마쓰시다정경숙'이 떠올랐다. 마쓰시다정경숙(政經塾)은 마쓰시타 전기산업(주)의 창업자인 고(故) 마쓰시타 고노스케가 만들었는데, 일본의 젊은 차세대 리더들을 양성하는 기관이다. 이곳에서는 매해 리더로서의 자질을 갖추기 위한 다양한 교육을 무료로 하고 있다. 1979년에 세워진 이곳에서는 벌써 여러 명의 훌륭한 사업가가 배출되었다.

이 이야기를 들을 때마다 가슴이 벅차곤 했다. 나 역시 훌륭한 인재를 배출해내는 데 도움이 되면 좋겠다는 생각을 늘 품으며 살아왔기 때문이다. 대한민국을 이끌어가는 것은 아무것도 없는 '무'의 상태에서 힘겹게 쌓아 올려 성공을 이뤄가는 중소기업 사장들이다. 그들을 도와 훌륭한 사업가를 배출하고, 그들이 최대한 실패를 줄이고 성공의 능선에 오를 수 있도록 돕는 것. 그 일만이 남은 내 삶을 충만하게 만들 수 있을 것 같았다.

그리하여 숙고했던 경영 아카데미를 열기로 했고, 드디어 22년 9월에 그 첫발을 내디딘다. 이 일은 오롯이 나의 사명감으로부터 출발했다. 돈을 버는 것보다, 명예를 얻는 것보다 더 설레는 것은 그 속에서 또 다른 나를 만들어가는 일이다. 그것은 나의 꿈이기 때문이다. 내 머리를 빌려주는 일은 힘도, 돈도, 들지 않기에 죽을 때까지 하며 살다 가고 싶다. 카네기가 자신의 묘비에 "열심히 놀고 즐기다 간다."라고 썼던 것처럼, 나도 이렇게 선한 영향력을 입히면서 열심히 열정적으로 놀다가 가고 싶다.

이 책이 나오기까지 항상 옆에서 힘이 되어준 가족, 그리고 열렬

한 응원을 아끼지 않은 지식비타민 회원들과 숭실대학교 제자들, 부족한 원고를 마지막까지 물고 늘어지며 다듬어준 출판사 식구들, 그리고 흔쾌히 추천사를 써주신 여러 분들께… 진심으로 감사의 말씀을 전한다.

※ 책을 읽다가 혹시라도 의문 사항이 있다면 이쪽으로 문의 주시면 됩니다. 이메일 상담은 언제나 열려 있습니다. leekwg@hanmail.net